Cómo Gané 2,000,000 $ en la Bolsa

Nicolas Darvas

INTRODUCCIÓN DEL AUTOR

Estaba en una de esas cabinas de teléfono vanguardistas del aeropuerto internacional Kennedy y a unos metros de mí se hallaba Charlie Stein con una chica hermosa. Charlie es el presidente de Lord Hardwick Corporation. Siempre está acompañado de alguna mujer guapa y da la impresión de que halla un placer especial en mostrarme a mí a esas chicas y en enaltecerme de tal manera que parece que el hecho de conocerme le hace a él más importante. Habitualmente yo no suelo sacar partido de sus enormes cumplidos, pero ese día no era frecuente ya que había, inadvertida por todos, otra chica preciosa. Ella era invisible, ella estaba cerca. Llamémosle Lady Fortuna o Dama Circunstancia. De modo que, por primera vez, el uso que Charlie hacia de mí me resultó ventajoso porque indujo la reedición de este libro. Mientras yo intentaba contactar por teléfono a mi novia que estaba en Paris y pensaba que posiblemente me estaría engañando, Charlie siguió con su habitual propaganda de Nicolas Darvas. Repetía mi nombre una y otra vez y, como siempre, conversaba muy fuerte. Un desconocido salió de la cabina de al lado y le dijo: "¿De verdad que ese hombre es Darvas? He estudiado su libro como si fuera un tratado de química y ¿te puedes creer que ya he ganado más de cien mil dólares empleando lo que él escribió?" Salí de la cabina y el desconocido se volvió hacia mí. "¿Por qué diablos está agotado Cómo Gané...?" No aguardó una respuesta."Compré más de una docena de copias, continuó, "pero ahora no puedo encontrar ninguno a ningún precio. El Único ejemplar que me queda lo tengo siempre prestado y tengo que pedir a mis amigos que me lo devuelvan. Al final lo hacen pero ahora el libro está destrozado. Entonces el desconocido estiró su mano y dijo: "Quiero darle las gracias. Porque tengo que alcanzar un avión, si no le invitaba a comer o a una copa. Le voy a decir algo. Puede que haya ganado dos millones en la bolsa pero no conseguiría ni dos centavos en el mundo editorial". Después de eso, me dio un apretón de manos, se dio la vuelta y se fue corriendo hacia una puerta de embarque. Esto me llegó profundamente. Me *dejó* mudo. Aquí, una década más tarde, aún recibía de forma habitual correspondencia en relación a mi libro. Una y otra vez los lectores me pedían aclaraciones de ciertos puntos, la mayoría de las preguntas del mismo estilo. ¡Y el libro estaba agotado! Ya ha transcurrido tiempo de eso y ese tiempo ha sido la prueba de mi método sobre la especulación en la bolsa. Mi libro se había convertido en un clásico que se llegó a vender por 20 dólares cuando se agotó en el mercado editorial... ¿Había tenido una suerte increíble? ¿Había coincidido en el momento de un mercado alcista arrollador en el que ni siquiera un demente se podía equivocar? *O* ¿fue mi método tan sensato que funcionaría en casi cualquier mercado? El hecho es que Cómo Gané. .. Ha sobrevivido el cuidadoso examen del tiempo. Fui del aeropuerto al despacho de Lyle Stuart en Park Avenue South. Él fue quien publicó mi segundo libro: *Wall Street: the Other Las Vegas*[*]. Era un tipo con agallas y con ganas de riesgos, pero cuando le di la posibilidad de editar de nuevo *Cómo Gané...* me aseguró que en absoluto consideraba eso como una apuesta. Después de una pequeña discusión, decidimos que publicaríamos el libro original sin cambiar ni una palabra. El libro era un clásico, por lo que no requería actualizarlo. Aproximadamente un millón de personas lo habían leído y había provocado tal impacto que obligaba a un cambio, un cambio americano, que cambiara las reglas de las órdenes de pérdida limitada. "Los peces gordos" se quedaron tan contrariados por el libro que hicieron lo posible para persuadir al fiscal general del estado de Nueva York de que exhibiera contra él algunas acusaciones absurdas, acusaciones que descartó discretamente más tarde. (¡Anunció a gritos las acusaciones pero apenas murmuró su retirada!). Pues sí, dejaríamos el libro fielmente igual a como se publicó la primera vez, sólo que añadiríamos algunas de las muchas preguntas que plantearon los lectores con sus adecuadas respuestas, las cuales se hallan al final del libro. Como es obvio, sólo respondo a las cuestiones que se preguntan con más frecuencia. A pesar de eso, me gustaría hablar de una carta que no tenía ninguna pregunta sino más bien un regaño. Un lector del libro marcó, con páginas llenas de datos, que yo "había dejado escapar la mina de oro". Insistió en que si hubiera concertado a dos ayudantes a tiempo completo y hubiera empleado mi sistema durante un tiempo de dos años, podría haber obtenido un rendimiento de 3.000 veces mi inversión original (36.000 $), es decir, 100.000.000 $ en vez de los 2.250.000 $ conseguidos en 18 meses. El error, según el lector, es que yo no logré sacar provecho de los movimientos de velocidad alta ni del margen. ¿Podría haber logrado 140 veces mi capital en los 18 meses? ¿200 veces? ¿1.000 veces? Posiblemente. Pero nunca me he sentido insatisfecho con lo que logré. Hice una fortuna con serenidad, evitando ventas anticipadas y haciendo un éxodo de la mayoría de mis acciones con el uso de un simple instrumento: el móvil de pérdida limitada. No he encontrado ningún Nirvana libre de pérdidas pero he sido capaz de restringir mis pérdidas, sin compromisos, a menos del 10 por ciento siempre que era posible. Los beneficios están en función del tiempo, de manera que tienen que concurrir buenas razones para mantener una compra sin beneficios por más de tres semanas. Mi método de pérdida limitada tuvo dos consecuencias. Por un lado me mantuvo apartado de malas acciones mientras que por otro me llevaba a las correctas. Y lo hizo ágilmente. Es obvio que mi método no funciona con todo el mundo. Me funcionó a mí. Por lo que, Realizando un estudio de lo que yo hice, espero que considere este libro de gran ayuda y sea provechoso para usted.

NICOLAS DARVAS
París

CONTENIDOS

CAPITULO UNO
ETAPA CANADIENSE - EL JUGADOR

Era noviembre de 1952. Estaba actuando en el "Latín Quarter" de Manhatan, Nueva York, cuando habló mi agente. Había tomado una oferta para mi pareja de baile, Julia, y para mí, para actuar en un centro nocturno deToronto que pertenecía a los gemelos Al y Harry Smith, los cuales me hicieron una propuesta bastante inusual. Se brindaban a pagarme en valores en vez de en dinero. Había pasado por algunas experiencias raras en el mundo del entretenimiento, pero ésta era nueva.

Ejecuté algunas preguntas más contenidamente y me enteré de que estaban dispuestos a pagarme 6.000 acciones de una corporación llamada BRILUND. Ésta era una empresa minera en la que estaban interesados. Los valores en ese momento se tasaban a 50 centavos la acción. Sabía que los valores subían y bajaban, fácilmente lo Único que sabía, así que pregunté a los hermanos Smith si me avalaban que si los valores estuvieran por debajo de 50 centavos, ellos cumplirían con la diferencia. Ellos consintieron a hacerlo por un periodo de seis meses.

Pero aconteció que no pude acudir a la cita de Toronto y me sentía tan mal por haber frustrado a los hermanos que me ofrecí a adquirir los valores. Les envié un cheque de 3.000 $ y recibí 6.000 acciones del valor BRILUND. No volví a pensar más en ellas hasta que un día, dos meses más después, por pasar el rato eché una ojeada a los precios de los valores en el diario. De repente, me senté derecho en la silla. Mi valor de 50 centavos de BRILUND estaba cotizado a 1'90 $. Seguidamente lo vendí y saqué un beneficio de casi 8.000 $.

Al principio no podía creerlo. Para mí había sido algo asombroso. Me sentía como el individuo que va a los caballos por primera vez y con suerte de novato apuesta por todos los ganadores y cuando acumula sus ganancias simplemente pregunta: "¿Cuánto tiempo hace que existe esto?". Pensé que me había estado perdiendo algo muy bueno toda la vida y arreglé mi mente para introducirme en el mercado de valores. Nunca he clamado esta decisión, pero poco sabía yo de los inconvenientes que podría hallar en esta desconocida jungla. No sabía nada en absoluto del mercado de acciones. Es más, ni siquiera estaba al tanto de que existiera uno en Nueva York. Sólo había oído nombrar los valores canadienses, concretamente, de acciones de compañías mineras, y como me había ido muy bien era obvio que lo más avispado sería seguir con ellos.

Pero, ¿Cómo comenzar? ¿Cómo investigar qué valores comprar? No se pueden escoger con pinzas. Debes poseer información y ése era mi problema primordial: cómo obtenerla. Aunque ahora me doy cuenta de que, en realidad, es improbable para una persona no experta, entonces pensé que sólo tendría que averiguar con mucha gente como para llegar a conocer el gran secreto. Pensé que si preguntaba seguido, llegaría a ser conocido entre los enterados, así que pregunté a todo el mundo que me encontraba si poseía alguna averiguación sobre el mercado de valores. Al trabajar en clubes nocturnos, conocía personas con capital, las cuales debían estar al tanto el tema. Así que les preguntaba. La cuestión que siempre tenía en los labios era: "¿Sabe de algunos valores buenos?". Por insólito que parezca, todos parecían saber algo. Era extraordinario. Al parecer yo era el único hombre en América que no tenía su propia información de primera mano sobre del mercado de valores. Escuchaba con exaltación lo que tenían que decir y seguía sus consejos íntegramente. Cualquier cosa que me decían que comprara, la compraba. Me demoré mucho tiempo en revelar que éste es un procedimiento que nunca funciona.

Me convertí en el modelo agraciado de pequeño operador, inútil y optimista, que se sumerge una y otra vez en el mercado. Adquirí valores de empresas cuyos nombres no podía articular, sin tener ni idea de qué eran o de dónde provenían. Alguien me había hablado de alguien que le había hablado. No podía existir un comprador más inexperto y loco que yo. Lo único que sabía era que el jefe de camareros del último club nocturno donde había actuado me había contado que eran buenos. A principios de 1953 actuaba en Toronto. A causa de mi asombrosa suerte inicial de 8.000 $, según mi opinión Canadá era la pócima financiera, por lo que decidí que era un buen sitio para investigar "consejos calentitos". Pregunté a varias personas si conocían un buen agente de bolsa en quien se pudiera fiar y al final me confiaron a uno.

He de aceptar que cuando llegué a su oficina me quedé espantado y desconcertado.

Era una pequeña y oscura habitación, con semblante de prisión, llena de libros y raros garabatos en las paredes, aunque más tarde revelé que se llaman "gráficos". No parecía tener mucho aire de éxito o empuje. Sentado ante un escritorio de tapa corrediza había un pequeño hombre atareado, estudiando minuciosamente estadísticas y libros. Al preguntarle si sabía de algunos valores buenos, reaccionó raudamente Sonrió y se sacó del bolsillo un recibo de dividendos con el nombre de una famosa corporación de oro, KERR-ADDISON. Se puso en pie y dijo: "Amigo mío, échele un buen vistazo a esto. Este recibo de dividendo vale cinco veces más de lo que sufragó mi padre por el valor original. Ése es el tipo de valores que todos inquieren". ¡Un dividendo por un valor cinco veces mayor que el precio del original! Me fanaticé tanto como lo hubiera hecho cualquier otro. El dividendo era de 80 centavos, de manera que su padre debió de haberlo adquirido por sólo 16 centavos el valor. Me pareció sorprendente, y no me di cuenta de que, posiblemente, habría tenido el valor de su padre, más treinta y cinco años.

El hombrecito me narró cómo había estado investigando esa clase de valor durante años. En vistas del triunfo de su padre, tenía la impresión de que la contestación debía de encontrarse en las minas de oro. Me reveló que al final la había encontrado. Se llamaba EASTERN MALARTIC. Al asimilar las cifras de producción, cálculos acercados e información financiera, pensó que esas minas de oro eran capaces de duplicar su producción de oro real, por lo que, si se invertía cinco dólares en su valor, pronto se valorizarían a 10 dólares. Tras esta superficial información de un erudito, compré de inmediato 1.000 acciones de EASTERN MALARTIC a 290 centavos. Con inquietud, ví que pasaba a 270 centavos, luego a 260. En dos semanas descendió a 241 centavos y vendí las acciones rapidamente. Entonces decidí que este minucioso agente de bolsa con mentalidad de gobernante no tenía la respuesta para obtener una fortuna. Aún así todo esto continuaba hechizándome. De nuevo seguía cualquier recomendación que me daban, pero rara vez captaba dinero y en caso de hacerlo en seguida mis pérdidas lo concluían. Tan principiante era que ni siquiera concebía de comisiones de los agentes de bolsa ni de impuestos sobre traspasos. Por ejemplo, compré KAYRAND MINES en enero de 1953. Cada valor estaba a 10 centavos y compré 10.000 acciones.

Vigilé el mercado como un gato y, cuando al día siguiente, KAYRAND subió a 11 centavos por acción, cité a mi agente y le dije que vendiera. Según mis cómputos, había conseguido 100 $ en 24 horas y pensé que sería perspicaz hacerme sólo con un chico aunque vertiginoso beneficio. Cuando hablé con mi agente otra vez, me dijo: "¿Por qué quieres permanecer con pérdidas?". "¿Pérdidas?". ¡Había logrado cien dólares! Con mucho tacto me manifestó que la comisión de un agente de bolsa por la compra de 10.000 acciones era de 50 $ y por la reventa de éstas al día siguiente eran otros 50 dólares. Además, estaban los impuestos de traspaso de ventas. KAYRAND era uno de los muchos valores raros que tenía por ese tiempo. Otros eran MOGUL MINES, CONSOLIDATED SUDBURY BASIN MINES, QUEBEC SMELTING, REXSPAR, JAYE EXPLORATION. No logré dinero con ninguno de ellos.

A pesar de eso, desfilé un año muy feliz en esta compra y venta canadiense. Me sentía un hombre de negocios con triunfo, un gran ejecutor del mercado de valores. Entraba y salía como un grillo dentro y fuera del mercado. Obtener dos puntos me causaba mucha alegría y a menudo tenía de 25 a 30 valores al mismo tiempo, todo en pequeños paquetes. Algunos de ellos me se deleitaban de forma especial, por motivaciones diferentes. A veces se debía a que me lo sugería un buen amigo, otras veces, porque había emprendido con ellos ganando dinero. Eso me llevaba a preferir esos valores antes que otros y, sin darme cuenta de lo que estaba haciendo, comencé a tener "favoritos". Los consideraba algo que me concernía, como si fueran miembros de mi familia. Loaba sus virtudes día y noche, hablaba de ellos como si conversara de mis propios hijos. No me fastidiaba que nadie más fuera capaz de ver en mis valores favoritos alguna integridad especial que los diferenciara de cualquier otro valor. Este estado mental perduró hasta que noté que mis valores favoritos me estaban produciendo las peores pérdidas.

En unos pocos meses, mi exploración de transacciones se parecía al registro comercial de una bolsa de valores a pequeño nivel y sentía que estaba concibiendo todo bien. Parecía estar ganando. Aunque si hubiera estudiado contenidamente mis informes, no habría estado tan feliz sino que, en cambio, me habría dado cuenta de que, como alguno que está jugueteando, meramente me sentía alentado y excitado por pequeñas ganancias, pasando por alto las pérdidas. Desconocía por completo el hecho de que muchos de los valores que guardaba estaban muy por debajo del precio que yo había abonado por ellos y parecía que iban a permanecerse ahí. Fue un ciclo de juego salvaje e insano en el que no me esforzaba por encontrar las razones de mis procedimientos. Puramente, seguía "intuiciones". Me dejaba llevar por nombres caídos del cielo, cuchicheos de hallazgos de uranio, depósitos de petróleo, cualquier cosa que me indicaran. Tras invariables pérdidas, una pequeña ganancia accidental me daba esperanzas, como la zanahoria ante la nariz de un burro. Entonces un día, después de haber transitado siete meses comprando y vendiendo, decidí inspeccionar mi contabilidad. Cuando sumé el valor de los valores incompletos que tenía, descubrí que había perdido 3000 $. Justo ese mismo día comencé a sospechar que había algo desacertado en mi plan para ganar dinero. De hecho, un fantasma desde detrás de mi mente me murmuró que no tenía ni idea de lo que estaba creando. Sin embargo, seguí adelante. Me confortaba a mi mismo pensando que no había tocado los 3000 $ que pagué al principio con BRILUND, además de poseer alrededor de 5000 $ como beneficio de esa transacción. Pero, si seguía igual ¿Cuánto tiempo lo conservaría? Aquí tengo una página de mis cálculos de beneficios y pérdidas que da a conocer toda esta triste historia de fracaso en el microcosmos.

OLD SMOKY GAS & OLIZ
Comprado a 19 centavos
Vendido a 10 centavos

KAYRAND MINES
Comprado a 12 centavos
Vendido a 8 centavos

REXSPAR
Comprado a 130 centavos
Vendido a 110 centavos

Encaprichado con mis ganancias sin ver más allá de la punta de mi nariz, no era capaz de darme cuenta de que estaba derrochando una media de cien dólares a la semana. Éste fue mi primer conflicto en el mercado de valores, el cual me tenía preparado varios problemas mucho más serios para los consiguientes seis años. Pero éste fue de alguna manera el peor. De mi fallo en ese momento obedecía que siguiera operando en el mercado. Resolví quedarme y darme otra oportunidad. El problema sucesivo era qué hacer. Debía hallarse un camino diferente. ¿Podría mejorar mi método? Se había manifestado que me equivoqué al oír a los clientes de los clubes nocturnos, jefes de servidores o tramoyistas. Eran meros amateurs como yo y, aunque en confidencia brindaban sus consejos, no sabían mucho más que yo. Observé página tras página de mis informes de corretaje donde escribía: comprado 90 centavos, vendido 82... Comprado 65 centavos, vendido 48...

¿Quién podía auxiliarme a ahondar en los secretos del mercado de valores? Había comenzado a leer publicaciones financieras canadienses y también tablas de valores canadienses; cada vez más seguido le echaba una mirada a los boletines de noticias que daban consejos sobre valores alistados en la Bolsa de Valores de Toronto. Ya había decidido que si seguía, necesitaría asesoramiento profesional por lo Que inscribí a varios servicios de consultoría donde proporcionaban información financiera. Después de todo, razoné, ellos eran los experimentados. Seguiría sus consejos profesionales y dejaría de comprar valores basándome en consejos extraños de un desconocido o un amateur criador de valores como yo mismo. De manera que si seguía sus inteligentes enseñanzas de expertos, podría tener éxito. Había servicios de consulta financiera que daban una suscripción de prueba de cuatro copias de boletines informativos por un dólar, como muestra de buena voluntad antes de comenzar a adquirir en serio sus valiosos servicios. Entregué más o menos una docena de dólares por suscripciones de prueba y estudié con entusiasmo los boletines que me enviaron. En Nueva York hay servicios financieros acreditados; por ende, los boletines canadienses que compré trataban solamente del comercio de bobadas. ¿Cómo iba a saber yo eso? Estos boletines de consulta financiera me gustaban y me excitaban. Hacían que la especulación del mercado de valores sonara totalmente apremiante y fácil. Solían publicarse con excelentes titulares que decían:

"¡Compra estos valores ahora, antes de que sea demasiado tarde!" "¡Gasta hasta el último de tus recursos!" "¡Si tu agente de bolsa te aconseja en contra, deshazte de él!" "¡Estos valores te entrgarán un beneficio del 100% o más!"

Por supuesto, parecía una información totalmente excelente, más verdadera que los raros consejos que lograba en restaurantes. Leí estos boletines de promoción con alegría. Siempre estaban llenos de mucho desinterés y amor fraternal.

Uno de ellos decía:

"Por primera vez en la historia de las finanzas canadienses, una persona insignificante tendrá la gran oportunidad de adentrarse en un desarrollo magnífico desde el principio." "Los plutócratas de Wall Street han hecho el intento de comprar todo el valor de nuestra compañía, pero haciendo un total caso omiso de las malditas tradiciones, sólo nos interesa la participación de inversores con medios moderados. Personas como tú...".

¡Pero si era yo! Comprendían perfectamente mi situación. Era el típico insignificante que da pena por la forma en que los plutócratas abusan de él, mientras que sólo debería dar lástima por mi estupidez.
Me lancé directo al teléfono para adquirir los valores que recomendaban. Para variar, volvieron a caer. No podía comprenderlo, pero no me preocupé en absoluto ya que me dije que ellos debían saber de qué hablaban, que la próxima vez subirían. Rara vez lo hicieron.

Aun no lo sabía pero ya me estaba tropezando con uno de los mayores obstáculos de un pequeño operador: el problema, casi incomprensible, de cuándo ingresar en el mercado. Esas repentinas caídas justo después de haber invertido capital son uno de los prodigios más desconcertantes a los que se afronta el amateur. Me llevó años darme cuenta de que cuando estos adivinadores aconsejan al pequeño operador que compre un valor, los profesionales que lo adquirieron mucho antes con pesquisa interna, lo venden ahora.

A la vez que la retirada de dinero logrado por pistas internas, entra en juego el dinero de pequeños tontos. No son los primerísimos con lo máximo sino los Últimos del todo con lo mínimo. Llegan demasiado tarde y la cuantía de dinero es siempre muy pequeña para soportar con un valor en un inexistente punto alto una vez que los profesionales han abandonado.

Esto lo sé actualmente, pero en ese tiempo no tenía ni idea de por qué los valores se sobrellevaban así y pensaba que el hecho de que bajaran después de comprarlos era simplemente mala suerte. Cuando echo una mirada al pasado me doy cuenta de que en ese periodo estaba totalmente pronto a perder todo lo que tenía. Cuando invertía 100 $, casi siempre perdía 20 $ ó 30 $ de una vez. Sin embargo, bastaba con que unos cuantos valores remontaran para sentirme relativamente feliz. Incluso cuando tenía que ir a Nueva York, notificaba mis órdenes por teléfono a agentes de bolsa de Toronto. Lo hacía así porque ni siquiera sabía que se podían comerciar las operaciones bursátiles canadienses a través de agentes neoyorquinos. Los agentes de Toronto me llamaban para proporcionarme consejos y siempre acababa comprando los valores que ellos o los servicios de consulta financiera insinuaban. Como todos los pequeños operadores del azar, atribuía las pérdidas a la mala suerte y sabía, estaba seguro de que algún día tendría buena suerte. No siempre erraba. De alguna manera, todo habría ido mejor si me hubiera equivocado porque para una vez que captaba unos cuantos dólares, siempre era por pura contingencia.

Pongo un ejemplo. Las tablas de valores canadienses se tornaron en una lectura obsesiva. Un día mientras las examinaba vi un valor llamado CALDER BOUSQUET y, sin saber aún qué era o qué producía la compañía, el nombre sólo me pareció bello. Me gustaba como sonaba así que compré 5.000 acciones a 18 centavos por un total de 900 $. Luego tuve que tomar un avión a Madrid por un trabajo de baile y al volver un mes más tarde abrí el periódico y averigüé el nombre. Había subido hasta 36 centavos, el doble del precio que había pagado. Lo vendí y gané 900 $. Una suerte loca.

Doble suerte loca porque no sólo subió sin una buena razón sino que además, si no hubiera viajado a bailar a España, lo más seguro es que habría vendido el valor cuando subió a 22 centavos. Pero estar en España, donde no podía obtener las cuantías de los valores canadienses, fue lo que me salvó de vender demasiado rápido ya que me encontraba tan tranquilo sin darme cuenta de los movimientos de valores.

Fue una época rara y loca, aunque sólo lo parece si miro atrás. En ese minuto sentía realmente que iba a comenzar a ser un operador de alto nivel. Me enorgullecía de mí mismo porque trabajaba con lecciones de expertos, y no la pesquisa anterior proveniente de jefes de camareros o de camerinos. Los agentes de bolsa me convocaban, los servicios financieros me aconsejaban, y cuando lograba un consejo sentía que procedía de buena fuente. En las salas de cócteles sembraba cada vez más la compañía de prósperos empresarios quienes me hablaban de compañías petrolíferas que iban a hacer riqueza, cuchicheaban en qué lugar de Alaska había uranio, me confiaban sucesos sensacionales de Quebec. Todo esto era garantía de una gran fortuna en el futuro si conseguías, al menos, ir metiéndote en el mundo de los valores ahora. Lo hice, pero no gané nada de dinero.

A finales de 1953, cuando volvía a Nueva York, mis 11.000 $ habían bajado a 5.800 $, de modo que una vez más tuve que recapacitar mi situación. Los consejos de los empresarios no habían llegado a ser El Dorado comprometido, los servicios de consulta no sólo no te proveían de una información que te consintiera ganar dinero en el mercado de valores sino que encima sus valores extendían a la baja mucho más que al alza. A pesar de que en los periódicos de

Nueva York no podía hallar las costes de mis valores canadienses, éstas me hechizaban tanto que empecé a leer columnas financieras en periódicos como The New York Times, el New York Herald Tribune y The Wall Street Journal. No adquiría ninguno de los valores que cotizaba la bolsa de Nueva York pero aun así recuerdo el impacto que me causó la hermosura de los nombres de los valores y la afinidad de algunas frases misteriosas como "a través de corredores bursátiles".

Cuanto más leía, más me concernía el mercado neoyorquino, por lo que decidí vender todos mis valores canadienses excepto OLD SMOKY GAS & OILS, que me lo quedé porque el hombre que me lo cedió me había informado de que se esperaba una marcha fantástica. Como siempre, esa fantástica maniobra no se dio y, al final, tras cinco meses en Nueva York, cedí ante esa inútil disputa y vendí por 10 centavos mi último valor, comprado por 19. Mientras tanto, empecé a preguntarme si no sería más posible atacar la jungla aún mayor que se encontraba más cercana a casa, la Bolsa de valores de Nueva York. Hablé a un amigo mío, un agente teatral neoyorquino, Eddie Elkort, y le pregunté si conocía a algún agente de bolsa en Nueva York. Me proporcionó el nombre de un hombre al que llamaré Lou Keller.

EL FUNDAMENTALISTA
CAPITULO DOS - INTRODUCCIÓN EN WALL STREET

Llamé a Lou Keller y le conté quién era y qué quería. Al día siguiente me mandó algunos documentos para que los firmara, sugiriéndome que cuanto antes los devolviera acompañados de un depósito, antes lograría una cuenta con su casa de corretaje. Cuando recibí su correo, sucedió algo en mí. De repente, empecé a sentir que iba a comenzar a formar parte del mundo financiero. A pesar de que no puedo narrar Wall Street, ya que nunca he estado allí en persona, sólo su nombre me presumía una afinidad mística. Aquí todo iba a ser significativo y distinto, por lo que ahora consideraba el periodo introductorio canadiense como un juego de pura demencia que nunca repetiría.

A medida que estudiaba las largas columnas grises de precios en el mercado de valores de los periódicos de Nueva York, sentía que estaba a punto de preparar un nuevo y exitoso tiempo de mi vida. No era como el feroz mercado canadiense con los vertiginosos consejos sobre hallazgos de oro y yacimientos de uranio, sino que era un negocio de compromiso, la calle de los presidentes de bancos y grandes grupos manufactureros, y yo estaba preparado para meterme allí con verdadera admiración. Tenía la finalidad de acceder al mercado de valores de una forma mucho más sensata y madura, así que deduje mi activo para saber con qué tenía que trabajar. Había emprendido en el mercado canadiense con 11 .000 $, una primera inversión en BRILUND de 3.000 $ con un beneficio de 8.000 $. Durante los catorce meses de mis operaciones canadienses, se vio reducido en 5.200 $, por lo que todo lo que me quedó del dinero de BRILUND fueron 5.800 $.

No parecía bastante dinero para acceder a Wall Street, así que decidí agregar más. De los ahorros de mis actividades en el mundo del entretenimiento aumenté la cantidad hasta 10.000 $, un buen número redondeado, y dejé esta suma en manos del agente de bolsa.

Entonces, un día resolví empezar con los procedimientos. Llamé a Lou Keller y, con toda calma, tratando de aparentar ser un experimentado financiero, simplemente le pregunté qué era bueno. Ahora me doy cuenta de que esta pregunta se concertaba más a la que hubiese hecho a un carnicero, aunque al señor Keller le daba prácticamente igual. Insinuó varias "acciones seguras" y también me dio razones fundamentales por las que esas acciones eran "seguras". Aunque yo no concebía nada, escuche con mucha atención a dichas instrucciones, tales como acrecentamiento de dividendo, desdoble de acciones, mejoras de ingresos... Para mí suponía un consejo profesional enorme. Este hombre se ganaba la vida en Wall Street, por lo tanto era indudable que sabía.

Además, él sólo "sugirió", destacando que la decisión era "finalmente mía", lo que me hizo sentir significativo y poderoso. Cuando, casi de inmediato, una o dos de las acciones que él me dio remontaron unos pocos puntos, no tuve duda de lo sublime que había sido la información que recibí ni de mi destreza natural para actuar como operador en el mercado de valores. Lo que no sabía es que prácticamente yo era un pequeño bote en medio del más colosal mercado especulador que el mundo había contemplado nunca y que era bastante dificultoso, a menos que fueras extremadamente desafortunado, que una pequeña ganancia hipotética no se dejara ver de vez en cuando.

Estas son tres típicas transacciones comerciales inmediatas que cerré a principios de 1954, transacciones que me persuadieron de mi talento innato en Wall Street. En esta tabla, como en el resto de las tablas del libro, incluyo comisiones e impuestos.

200 COLUMBIA PICTURES
Comprados a 20 (4.050,00 $)
Vendidos a 22 $^{7/8}$ (4.513,42 $)
Beneficios 463,42 $

200 NORTH AMERICAN AVIATION
Comprados a 24 $^{1/4}$ (4.904,26 $)
Vendidos a 26 $^{7/8}$ (5.309,89 $)
Beneficios 405,63 $

100 KIMBERLY-CLARK
Comprados a 53 $^{1/2}$ (5.390,35 $)
Vendidos a 59 (5.854,68 $)
Beneficios 464,33 $

Beneficios totales: 1.333,38$

Podrá ver que cada una de estas transacciones me recaudó alrededor de 400 $, que en sí no es una gran suma, pero reuniendo los tres beneficios escalan a 1.333,38 $ en sólo unas semanas. Me hizo sentir que eran procedimientos simples y tranquilos sobre las que yo tenía el control.

Esta sensación de que estaba maniobrando en Wall Street con beneficios, afiliado al respeto reverencial natural de este lugar, me hizo sentir sosamente feliz. Sentía que estaba perdiendo mi estatus de aficionado canadiense convirtiéndome en un miembro de un círculo más próximo. Y no me daba cuenta de que mi método no había mejorado, de que meramente usaba palabras más ostentosas para encubrirlo. Por ejemplo, nunca más consideré "cuchicheos" a los consejos de los agentes de bolsa sino "información". Por lo que a mí atañe, había dejado de echar cuenta a los rumores y, en vez de eso, recibía noticias genuinas fundadas en evidencias económicas válidas. Favorablemente, el barco iba viento en popa. Estas son algunas de mis transacciones de abril y mayo de 1954:

	Comprados	Vendidos
NATIONAL CONTAINER	11	12 $^{3/8}$
TRI-CONTINENTA WARRANTS	5 $^{1/8}$	6
ALLIS-CHALMERS	50 $^{3/4}$	54 $^{7/8}$
BUCYRUS-ERIE	24 $^{3/4}$	54 $^{7/8}$
GENERAL DYNAMICS	43 $^{1/2}$	47 $^{1/4}$
MESTA MACHINE	32	34
UNIVERSA PICTURES	19 $^{5/8}$	22 $^{3/4}$

Beneficios, beneficios, beneficios. Mi autoestima estaba excelsa. Desde luego, esto no era Canadá. Aquí todo lo que tentaba se convertía en oro y, a finales de mayo, mis 10.000 $ habían aumentado a 14.600 $.

No me fastidiaban los contratiempos ocasionales sino que los creía leves retrasos ineludibles en el ascenso hacia la prosperidad. Además, siempre que un negocio salía con éxito me loaba a mí mismo, mientras que cuando perdía inculpaba al agente de bolsa. Seguí con la actividad comercial de manera persistente: llamaba por teléfono a mi agente veinte veces al día, si no administraba al menos una transacción al día sentía que no estaba desempeñando con mi papel en el mercado, si veía un valor nuevo lo quería poseer. Ponía la mano solicitando valores nuevos igual que un niño pidiendo nuevos juguetes. Las siguientes transacciones en las que me vi rodeado en Wall Street por julio de 1954 muestran a energía que gastaba por un rendimiento tan insignificante:

200 AMERICANBROADCASTING-PARAMOUNT
Comprados
100 a 16 $^{7/8}$ (1.709,38 $)
100 a 17 $^{1/2}$ (1.772,50 $)
Vendidos a 22 $^{7/8}$ (4.513,42 $)
Beneficios 41,18 $

100 NEW YORK CENTRAL
Comprados a 21 $^{1/2}$ (2.175,75 $)
Vendidos a 22 $^{1/2}$ (2.213,70 $)
Beneficios 37,95 $

100 GENERAL REFLACTORIES
Comprados a 24 $^{3/4}$ (2.502,38 $)
Vendidos a 24 $^{3/4}$ (2.442,97 $)
Pérdidas 59,41 $

100 AMERICAN AlRLlNES
Comprados a 14 $^{3/4}$ (1, 494,75 $)
Vendidos a 15 (1.476,92 $)
Pérdidas 17,83 $

Beneficios totales 79,13 $
Pérdidas totales 77,24 $

El beneficio neto de estas transacciones fue de 1,89 $. El único hombre feliz era mi agente de bolsa. Según las reglas de la Bolsa de valores de Nueva York, la comisión por estas diez transacciones remontaba a 236,65 $. Y, por cierto, mi beneficio de 1,89 $ no contenía el precio de las llamadas telefónicas. A pesar de todo esto, sólo una cosa me fastidiaba realmente y era que la mitad de las palabras que usaba mi agente al describirse al mercado de valores no las entendía yo. Como no me gustaba exponer mi ignorancia, decidí indagar el tema. Así, además de las columnas de los diarios de Nueva York, intenté leer libros sobre el mercado de valores para, de esta forma, poder hablar a su nivel.

 Poco a poco, llegué a estar al tanto de una serie de palabras nuevas y siempre trataba de usarlas. Me encantaban palabras como ingresos, dividendos o capitalización. Aprendí que "beneficio por acción" representaba "el beneficio neto de la compañía dividido por el número de acciones en movimiento" y que "los títulos cotizados en bolsa" se representan como "aquellos valores que están cotizados en las Bolsas de valores neoyorquina y americana". Me ocupé principalmente en las definiciones de valores, bonos, activos, beneficios y rendimientos. Había muchas cosas que leer porque se han publicado cientos de libros sobre el mercado de valores. De hecho, se ha escrito más sobre el mercado de valores, por ejemplo, que sobre numerosos temas educativos.

En ese tiempo estudié libros como:

R. C. Effinger - ABC of lnvesting (El ABC de la inversión)

Dice & Eiteman - The Stock Market (El mercado de valores)

B.E. Schultz - The Securities market: And How It Works
              (El mercado de valores: Cómo funciona)

Leo Barnes - Your lnvestments (Tus inversiones)

H.M. Gartley - Profit in the Stock Market (Beneficios en la Bolsa)

Curtis Dahl - Consistent Profits in the Stock Market
              (Beneficios constantes en la Bolsa)

E. J. Mann - You Can Make Money in the Stock Market
              (Puedes ganar dinero en la Bolsa)

Provisto tanto de mi nuevo vocabulario como de lo que a mi opinión eran conocimientos aún en perfeccionamiento, mis deseos aumentaron. Sentí que había llegado la hora de hallar otro BRILUND. Después de todo, en algún sitio debía de estar un enorme y sólido valor de Wall Street que me fuese tan bien cómo lo hizo ese, al que por cierto imaginaba "un valor de segunda clase", desde mi configuración de gran inversor. Me inscribí a servicios del mercado de valores tales como Moody's, Fitch y Standard & Poor's, que, según mi juicio, me proporcionaban una información grandiosa, excepto por aquello que no percibía. Algunos de los pasajes sonaban como éste:

"La expansión prometida en los gastos de los consumidores para bienes duraderos, no duraderos y servicios, más una mejora bastante pronunciada de la eficacia productiva, son la base de un incremento bastante considerable de las ganancias y dividendos de compañías cuyos ingresos reflejan la naturaleza favorable de estas condiciones. Esperamos continuas irregularidades bajo cuyo disfraz se implantará este nuevo estatus de preferencia de mercado"

Eran meritorios, admirables, me decían todo lo que quería saber, menos qué valor iba a subir como BRILUND. Sin embargo, a medida que los leía, la indagación se apoderaba de mí: quería saber qué decían otros servicios del mercado de valores. Hallé en los periódicos que, como en Canadá, por un dólar podía adquirir una inscripción de cuatro semanas de prueba en algunos servicios y pronto me vi como suscriptor de prueba de casi todos los servicios que se notificaban.

Coleccioné recortes de todas variedades: diarios, columnas financieras, sobrecubiertas de libros... Siempre que veía una noticia de un servicio financiero nuevo, seguidamente enviaba mi dólar por correo. Al tener las publicaciones, con gran asombro descubrí que a menudo se refutaban unas a otras. Con costumbre cuando un servicio confiaba la compra de un valor, otro recomendaba su venta. También advertí que las recomendaciones casi nunca se implicaban a nada, usando términos como "Compre durante reacciones" o "Debe comprarse a la baja", pero ninguno de ellos me decía lo que debía suponer como reacción o como baja. Pasé por alto todo esto y seguí leyendo con ambición, esperando abrir el secreto del "valor que sólo puede subir". Un día un servicio de consulta que suponía ofrecer información sólo cinco o seis veces al año, publicó una propaganda con ilustraciones muy radiantes, casi un libro entero, estudiando a EMERSON RADIO. Confrontaba esta compañía, de manera muy optimista, con la poderosa R.C.A. Analizaba en complemento la capitalización de EMERSON, su volumen de ventas, beneficios antes de los impuestos, beneficios a continuación de los impuestos, beneficio por acción, ratios comparativos " precio - ganancia...". No concebía todo pero admiraba estas palabras doctas y los paralelos analíticos que manifestaban que el valor de EMERSON, el cual se estaba vendiendo aproximadamente a 12, debería valorarse de 30 a 35, confrontable al precio de R.C.A. en ese momento. Por supuesto, compré EMERSON. Pagué 12 $^{1/2}$, un precio de oferta muy bajo por un valor que según el radiante manual se podía tasar sin lugar a dudas en 35. ¿Qué ocurrió? Pues que este valor seguro empezó a hundirse .Confuso y perturbado, lo vendí.

Hoy, estoy convencido de que el trascendente analista de Wall Street que redactó este radiante folleto lo hizo con sus mejores propósitos pero debo señalar en interés de la verdad que, a finales de 1956, el valor había bajado a 5 $^{3/4}$. Por ese tiempo escuché un dicho que ha pasado de boca en boca durante generaciones en Wall Street, aunque para mí fuera ajeno: "No puedes quebrar sacando beneficio". Como me conmovió mucho y me moría por ponerlo en práctica, así lo hice.

A principios de febrero de 1955, uno de los líderes del mercado era KAISER ALUMINUM. Persiguiendo las recomendaciones de mi agente, compré 100 acciones a 63 $^{3/8}$, pagando 6.378,84 $ por el valor. Subió a un ritmo constante y a 75 lo vendí. Recibí 7.453,29 $ que me dieron un beneficio de 1.074,45 $ en menos de un mes. A la expectativa de otro beneficio rápido me hice con 100 BOEING a 83.Por estas acciones pagué 8.343,30 $.El valor empezó a caer casi de inmediato. Cuatro días después lo vendí a 79 $^{7/8}$ por 7.940,05 $ con una pérdida en la transacción de BOEING de 403,25$. Entonces, para tratar de redimirme de esa pérdida, la primera semana de abril compré MAGMA KOPER. Se vendía a 89 $^{3/4}$ y pagué 9.018,98 $ por 100 acciones. No había hecho más que comprarlo cuando comenzó a caer y dos semanas más tarde lo vendí a 80 $^{1/2}$ por 8.002,18 $ con una pérdida de 1.016,80 $.

Por esa época, KAISER ALUMINUM, del que me había desarmado rápidamente la primera semana de marzo, había remontado a 82. Un servicio de consulta lo recomendó y volví a él de nuevo comprando 100 acciones a ese precio, 8.243,20 $. Tras cinco minutos empezó a bajar. Por miedo a exponerme a una pérdida más, lo vendí a 81 $^{3/4}$ y recibí 8.127,59 $, lo que simbolizaba que, por cinco minutos de operaciones, había perdido 115,61 $, incluida comisión.

En la primera transacción comercial con KAISER obtuve un beneficio de 1.079,45$. Las pérdidas sufridas al saltar de un valor a otro fueron de 1.535,66 $. De esta manera, la transacción circular completa, que empezó con KAISER y terminó con KAISER, me supuso una pérdida neta de 461,21 $. Si hubiera aguantado con KAISER desde mi primera compra a 63 $^{3/8}$ hasta mi última venta a 81 314, habría conseguido un beneficio de 1.748,75 $ en lugar de 461,21 $ de pérdidas.

Otro caso. Desde noviembre de 1954 a marzo de 1955 compré y vendí una y otra vez un valor llamado RAYONIER, que en ocho meses dobló su valor, pasando de aproximadamente 50 a 100. Éstas fueron las transacciones en RAYONIER, con 100 acciones a la vez:

Noviembre - Diciembre 1954
Comprado a 53 (5.340,30 $)
Vendido a 58 $^{1/4}$ (5.779,99 $)
Beneficio 439,69 $

Febrero - Marzo 1955
Comprado a 63 $^{7/8}$ (6.428,89 $)
Vendido a 71 $^{5/8}$ (7.1 16,13 $)
Beneficio 687,2

Marzo 1955
Comprado a 72 (7.242,20 $)
Vendido a 74 (7.353,39 $)
Beneficio 111,19 $

Beneficio total 1.238,12 $

El beneficio que obtuve en esta serie de transacciones comerciales escalaba a 1.238,12 $. Luego, el antiguo modelo de pérdidas se repitió. En abril de 1955 me hice con MANAT SUGAR, del que compré 1.000 acciones a 8 318, pagando

8.508,80 $. Prontamente después, emprendió la caída y las vendí a distintos precios, 7 $^{3/4}$, 7 $^{5/8}$ y 7 $^{1/2}$ Recibí un total de 7.465,70 $, lo que me supuso una pérdida de 1.043,10 $. La composición de las operaciones RAYONIER – MANAT me recaudó un beneficio neto de 195,02 $.

Sin embargo, si hubiera sostenido la primera compra de RAYONIER que realicé en noviembre sin pretender sacar siempre beneficio y lo hubiera vendido en abril a 80, el beneficio habría sido de 2.612,48 en vez de 195,02 $. ¿Qué significa esto? De momento, no me di cuenta, pero esto era una gran impugnación de "No puedes quebrar sacando beneficios". Claro que puedes.

Otro dicho sobre mercado de valores que me encantó fue: "Compra barato, vende caro". Sonaba incluso mejor. Pero, ¿Adónde iba a comprar algo barato?

Mientras rebuscaba una ganga, descubrí el mercado extrabursátil, el mercado de títulos no apreciados en bolsa. Sabía, por los libros, que una compañía precisaba cumplir de forma exacta las regulaciones financieras para que tasen su valor y lo comercialicen en la bolsa de valores y había leído que esto no lo empleaban los valores extrabursátiles. Por lo tanto, me pareció que este mercado era el lugar perfecto para hallar una ganga. Pensé de forma inocente que, ya que estos valores no estaban cotizados, poca gente los conocería y se podrían comprar asequibles. Ágilmente me suscribí a un folleto mensual titulado Over- the-Counter Securities Review y comencé la investigación.

Busqué con aspiración entre los miles y miles de nombres las gangas que parecían ofertadas y adquirí valores como PACIFIC AIRMOTIVE, COLLINS RADIO, GULF SULPHUR, DOMAN HELICOPTER, KENNAMETAL, TEKOIL CORPORATION, entre otros ocultos nombres. Lo que no sabía era que cuando quisiera ponerlos en venta, algunos se me quedaban adheridos a los dedos como si fueran alquitrán. Resultaba dificultoso deshacerse de ellos y casi nunca a un precio ni siquiera semejante al que yo había pagado. ¿Por qué? Pues porque no existía una norma rígida de precios como en el caso de títulos tasados en bolsa; no existían especialistas o profesionales que avalaran un mercado continuo y ordenado; no se hallaban informes donde se pudiera ver a qué precio se ejecutaban las transacciones. Sólo existían los recios "Oferta" v "Demanda". Los cuales, tal y como descubrí. a menudo rezagaban bastante. Por ejemplo, cuando quería vender a 42, el precio "Oferta" cotizado, sólo encontraba un comprador a 38, el precio "Demanda" cotizado. A veces acababa vendiendo a 40, pero no sucedía frecuentemente. Cuando di por primera vez con el mercado extrabursátil, todo me parecía desconocido. Por suerte, vine a darme cuenta avivadamente de que es un campo especializado, sólo fructífero para aquellos expertos que verdaderamente conocen los asuntos de una compañía en específico. Por tanto, decidí renunciar y devolver mi atención a los títulos cotizados en bolsa. Durante todo este tiempo, ni una vez discutí la verdad de los rumores de Wall Street ya que no había manera de que supiera que tenían tan poco cimiento y eran tan delicados como los rumores del mercado canadiense u otros. Lo que creía una información consistente, directa de Wall Street, se convertía en un señuelo sensacional. Aquí muestro dos casos típicos de la calaña de información que me tragaba y luego actuaba de acuerdo a ella.

Un día, en el mercado sobresalía el intenso rumor de que BALDWIN - LIMA - HAMILTON, una firma de fabricantes de dispositivos para ferrocarriles, había tomado la orden de construir un tren atómico. Wall Street, en seguida, procedió en consecuencia, proyectándose el valor desde 12 a más de 20.
Cuando me enteré de esta extraordinaria información, el valor ya había subido a lo que más tarde implicó ser su cumbre. Compré 200 acciones a 24 $^{1/2}$ y el precio de compra fue de 4.954,50 $. Mantuve el valor dos semanas y advertí con absoluto pasmo cómo decaía lánguidamente hasta 19 $^{1/4}$. Entonces, incluso yo observé que algo iba mal y lo vendí con una pérdida de 1.160,38 $. Sin embargo, a pesar de mi confusión, había hecho lo mejor: podría haberme ido mucho peor con ese valor ya que bajó a un nivel de 12 $^{1/4}$. Otro día mi agente me llamó y dijo: "STERLING PRECISION se pondrá en 40 antes de fin de año".

El valor se cotizaba a 8. Me explicó la razón: "La compañía está adquiriendo todas las existencias de muchas otras compañías pequeñas y adelantadas y se convertirá en un gigante en nada de tiempo". Agregó que era información de primera mano. Para mí fue bastante. ¿Por qué no? Un agente de bolsa de Wall Street, que, según creía yo, no podía estar errado, me había honrado con noticias genuinas. Di la orden de compra en un instante. Decidí, en vistas de la fuente de información, sumergirme bien esta vez, por lo que compré 1000 STERLING PRECISlON a 7 $^{7/8}$, pagando 8.023,10 $. Felizmente, me senté de nuevo para no perder de vista cómo se disparaba a 40, pero lejos de dispararse a 40, empezó a vacilar. Poco a poco fue bajando y cuando parecía que iba a caer bajo 7, era obvio que algo iba mal, así que vendí el valor a 7 $^{1/8}$ por 6.967,45 $. Esta noticia me costó una pérdida de 1.055,65 $ en unos días. A continuación, el valor rozó los 4 $^{1/8}$.

Pero estas pérdidas estaban más que compensadas con el gran engreimiento que sentía Al formar parte de Wall Street y ser decidido en la búsqueda de nuevos métodos. Un día, al leerThe Wall Street Journal, vi una columna que platicaba de transacciones de valores realizadas por funcionarios y directivos de compañías tasadas. Cuando lo indagué más a fondo descubrí que, para advertir manipulaciones, The Securities and Exchange Commission (comisión de vigilancia y control del mercado de valores) solicitaba un informe de los empleados y directivos que compraban o vendían valores de su propia compañía. Entonces, ¡ahí había algo! La forma de estar al tanto qué hacían los vendedores "privilegiados". Lo único que tenía que hacer era calcularles: si compraban, yo compraría; si vendían, yo vendería. De manera que experimenté este método, pero no funcionó. Cuando me enteraba de las actividades comerciales de los privilegiados, ya era demasiado tarde. Además, a menudo me daba cuenta de que los favorecidos también eran humanos y que, como el resto de inversionistas, a menudo compraban demasiado pronto. También hice otro hallazgo: podrían saber todo acerca de sus compañías pero no sabían el comportamiento del mercado en que se vendían sus valores. Sin embargo, a través de éstas y otras prácticas comenzaron a salir algunas conclusiones. Igual que un bebé al oír repetidamente las mismas palabras acaban aprendiéndolas, empecé poco a poco, por mis experiencias comerciales, a comprender los rasgos generales de algunas reglas que podía emplear.

<u>Eran éstas:</u>

1.- No seguir consejos de los servicios de consulta. No son seguros, ni en Canadá ni en Wall Street.
2.- Ser sensato con los agentes de bolsa. Pueden equivocarse.
3.- Ignorar los dichos de Wall Street, no interesa que sean antiguos y venerados.
4.- No maniobrar en el mercado "extrabursátil", sólo en valores tasados donde siempre hay un cliente cuando quiero vender.
5.- No hacer caso a los cuchicheos, a pesar de lo bien documentales que puedan parecer.
6.- El método fundamental me anduvo mejor que el juego. Debo estudiarlo.

Apunté estas reglas y decidí proceder de acuerdo a ellas. Examiné mis informes de corretaje y entonces fue cuando revelé una transacción que me dio idea para la séptima regla, llevándome a los acontecimientos que seguirán prontamente. Descubrí que tenía un valor sin saberlo. El valor era VlRGlNlAN RAILWAY del cual había comprado 100 acciones en agosto de 1954 a 29 ¾ por 3.004,88 $. Lo compré y lo relegué, sólo porque estaba demasiado atareado con el teléfono comprando y vendiendo docenas de valores, a veces ganando la pequeña cantidad de 75 centavos; otras veces llamando exasperadamente por un valor en descenso para tratar de venderlo antes de que se hundiera más bajo.
Como VIRGINIA RAILWAY nunca me había dado ni un instante de ansiedad, lo dejé solo. Era como un niño bueno que se asienta a jugar en silencio en un costado mientras me impaciento e inquieto por la conducta de una docena de niños malos. Ahora, viendo su nombre, después de haberlo tenido más de once meses, apenas lo registraba. Había persistido "tan silencioso" que se me había ido de la cabeza por completo. Me arrojé a mis tablas de valores y vi que estaba a 43 %. Este relegado y silencioso valor generador de dividendos había ido subiendo poco a poco. Entonces lo vendí y recibí 4.308,56 $. Sin ningún brío por mi parte, ni siquiera un barrunto de ansiedad, había conseguido 1.303,68 $, lo que me hizo deducir remotamente cuál iba a ser mi regla número 7:

7.- Guardar un valor que sube durante un largo periodo de tiempo es mejor que jugar con una docena de valores durante poco tiempo. ¿Pero qué valor subirá? ¿Cómo encontrarlo yo solo? Decidí estudiar a VIRGINIAN RAILWAY. ¿Qué había producido su constante subida mientras el resto de los valores no hacían más que revolverse? Le pedí información a mi agente y me dijo que la compañía prestaba un buen dividendo y tenía un ostentoso registro de ingresos. Por tanto, su situación financiera era sublime. Ahora sabía la razón de la invariable subida. Era una razón fundamental, lo que me persuadió de que mi método fundamental era correcto. Reparé mi mente para depurar este método. Leí, estudié, examiné. Me propuse hallar el valor ideal. Pensé que si aprendía a fondo los registros de la compañía, podría investigar todo acerca de un valor y resolver si era una buena inversión. Me instruí sobre balances generales y cuentas de pérdidas y ganancias. Palabras como "activo", "pasivo", "capitalización" y "cancelaciones" se convirtieron en mi vocabulario usual. Durante meses le di vueltas a estos inconvenientes. Noche tras noche y durante horas después de mis transacciones diarias, ensayaba minuciosamente los informes de cientos de compañías. Comparé activos, pasivos, márgenes de beneficio, relaciones de precio, ganancia.

Examiné listas como estas:

Valores con altos niveles de calidad
Valores que gustan a los expertos
Valores vendidos por debajo del valor en circulación
Valores con una posición de liquidez firme
Valores que nunca han separado dividendo

Sin embargo, una y otra vez me afrontaba al mismo problema. Cuando las cosas parecían perfectas sobre el papel, cuando los balances generales parecían correctos y las apariencias brillantes, el mercado de la bolsa nunca procedía en consecuencia. Por ejemplo, cuando confrontaba con cuidado la situación financiera de una docena de compañías textiles y, tras mucho estudio, resolvía que los balances generales mostraban de forma evidente que AMERICAN VISCOSE y STEVENS eran las mejores designaciones, me desconcertaba porque otro valor llamado TEXTRON acrecentaba su precio mientras que los que yo había optado no lo hacían. Hallé este modelo repetidas veces en grupos industriales. Irresoluto y un poco confuso, me pregunté si no sería más inteligente adoptar el criterio de una autoridad superior en cuanto a los decoros de una compañía. Pregunté a mi agente de bolsa si existía dicha autoridad y me encomendó un servicio mensual muy utilizado, serio y de mucha seguridad que ofrece datos fundamentales de varios miles de valores: la naturaleza de los negocios, importancia de los precios al menos en veinte años; pagos de dividendos, organización financiera y beneficios anuales por acción. También clasifica cada valor según su grado relativo de seguridad y su valor. Me encantó ver cómo estaba hecho. Valores de Alto Grado cuyos pagos de dividendos se razonaban relativamente seguros, se clasificaban:

AAA - Muy seguro
AA- Seguro
A - Válido

Valores merecedores de inversión que normalmente pagan dividendos:

BBB - El mejor del grupo
BB - Bueno
B - Razonable

Valores de Grado Inferior, pagando dividendos pero con un futuro no seguro:

CCC - El mejor del grupo
CC - Perspectivas de dividendo razonable
C - Perspectivas de dividendo bajo

Valores de Grado Bajo:

DDD - Ninguna perspectiva de dividendo
DD - Valor aparentemente bajo
D - Ningún valor aparente

Aprendí todas las clasificaciones de una forma muy detallada. Parecían muy simples, por lo que no tenía necesidad de seguir examinando balances generales ni cuentas de pérdidas y ganancias. Esto me lo exponía todo en detalle y yo sólo tenia que comparar: A es mejor que B, C es mejor que D. Estaba abstraído y feliz con este nuevo método. Para mí tenía el mismo embeleso de la ciencia fría. Ya no volvería a ser el juguete de rumores delirantes y preocupantes, sino que, en cambio, me estaba convirtiendo en un financiero frío y objetivo. Seguro de que estaba anotando las bases de mi fortuna, me sentía justo y con confianza en mí mismo. No escuchaba a nadie ni le solicitaba consejos a nadie. Decidí que todo lo que había hecho hasta entonces había sido tan precipitado como mi periodo de juego canadiense. Sentía que todo lo que precisaba para lograr el éxito era diseñar mis propias tablas de comparaciones. Y así lo hice, tras muchas horas de consagración y seriedad en la tarea.

CAPÍTULO TRES

MI PRIMERA CRISIS

Gracias a las lecturas asimilé que los valores, al igual que simples rebaños, constituyen grupos que, según la industria a la que conciernen, tienen la tendencia de moverse en el mercado a la vez, o suben o bajan. Por tanto, me parecía lógico que tratara de buscar a través de un estudio fundamental:

a.- el conjunto industrial más fuerte

b.- la compañía más fuerte dentro de ese conjunto industrial

Así compraría el valor de esa compañía y lo guardaría ya que ese valor ideal debía subir.

Empecé aprendiendo la personalidad de un valor en relación a su grupo industrial. Al leer las cotizaciones de GENERAL MOTORS, automáticamente examinaba las de CHRYSLER, STUDEBAKER y AMERICAN MOTORS. Si examinaba a KAISER ALUMINUM, mis ojos mecánicamente después se dirigían a REYNOLDS METALS, ALCOA, y ALUMINIO LTD. De modo que, en vez de leer las tablas de valores por orden A... B... C..., siempre las Leía por grupos industriales. Cuando un valor comenzaba a comportarse mejor que el resto del mercado, de inmediato aprendía el comportamiento de sus hermanos, los valores del mismo grupo industrial. Si revelaba que sus hermanos también se comportaban de forma adecuada, buscaba al cabeza de familia, el valor que estaba procediendo mejor, el líder. Supuse que si no podía ganar fondos con el líder, desde luego que no lo ganaría con los otros. ¡Qué feliz y trascendental me sentía haciendo esto! Este gran método científico me hacía apreciar como un experto financiero a punto de facultarse. Además, sentía que era algo más que simple teoría. Lo iba a poner todo en práctica e iba a captar mucho dinero.

Empecé a compilar los ingresos de todos los grupos industriales como el petrolífero, automovilístico, aeronáutico, siderúrgico... y los comparé con los ingresos actuales. Luego confronté estos ingresos con los de otros grupos industriales. Calculé al detalle márgenes de beneficio, relaciones precio - ganancia, capitalizaciones. Al final, tras colar esta información una enorme cuantía de veces y con mucha concentración, decidí que la industria siderúrgica sería el coche que me haría rico.

Con esta decisión, inspeccioné entonces esta industria hasta el más mínimo detalle y una vez más removí en el servicio de clasificación de valores. Me había planteado jugar sobre seguro, así que presumí que el valor que iba a comprar estaría en el nivel "A" y que pagaría un dividendo alto. Pero me llevé una sorpresa. A medida que lo aprendía, revelé que las clasificaciones "A", si rara vez se daban, serían casi siempre para valores dominantes. Eran relativamente estables en lo que atañe al precio y pocas veces tenían subidas espectaculares. Es obvio que no eran lo mío. Decidí echarle un repaso al nivel "8" donde los valores creían estar bien y eran numerosos. Con extremada prolijidad seleccioné los cinco más conocidos de todos y comparé unos con otros. Construi la tabla de comparaciones de la siguiente forma:

Company	Price: End-of	Price Earnings	Earnings-per-share	Estimate1955	
Rating	June-1955	Ratio	1952-1953-1954	Earning	Dividend
Bethlehem Steel BB	142⅜	7.9	8.80 13.39 13.18	18.00	7.25
Inland Steel BB	79⅜	8.3	4.85 6.90 7.92	9.50	4.25
U. S. Steel BB	54⅜	8.4	2.27 3.78 3.23	6.50	2.15
Jones & Laughlin B	41½	5.4	2.91 4.77 3.80	7.75	2.25
Republic Steel B	47¼	8.5	3.61 4.63 3.55	5.50	2.50

Observando la tabla me llegó una ola de entusiasmo. Mi tabla, como una aguja de balanza, apuntaba a un valor: JONES & LAUGHLIN. Era incapaz de imaginarme por qué nadie se había dado cuenta anteriormente. Todo en él era perfecto. Pertenecía a un grupo industrial fuerte, Tenía un nivel B fuerte, Pagaba casi un 6% de dividendo, y La relación precio - ganancia era superior que la de cualquier otro valor del grupo.

Me emocionó un enorme entusiasmo. Sin duda, ésta era la llave de oro. Sentí la riqueza en mis manos como si fuera una manzana madura. Éste era el valor que me haría rico. Era una convicción científica de primera clase, un nuevo BRILUND, pero mucho mejor. Seguro que brincaría de 20 a 30 puntos en cualquier momento. Sólo me inquietaba una cosa y era que debía comprar mucho y lo más rápido posible, antes de que lo revelaran otros. Tan seguro estaba de mis cálculos, razonados en un estudio detallado, que decidí juntar el dinero a partir de todos los principios posibles.

Como tenía una propiedad en Las Vegas, que la compré gracias a muchos años de trabajo de bailarín, la hipotequé. También tenía una póliza de seguros por la que solicité un préstamo. Tenía un contrato a largo plazo con el "Latin Quarter" de Nueva York y pedí un adelanto. No titubeé ni por un momento. No tenía dudas. Según mis indagaciones científicas y minuciosas, nada podía ir mal. El 23 de septiembre de 1955 compré 1.000 acciones de JONES & LAUGHLIN a 52 $^{1/4}$ a crédito, en ese momento, al 70%. El coste fue de 52.652,30 $ y tuve que dejar un depósito en efectivo de 36.856,61 $. Para congregar toda esta suma había puesto todas mis posesiones como garantía.

Todo lo hice con la mayor certeza. Ya no me quedaba nada que hacer solo volverme a sentar y esperar hasta recoger la cosecha de mi teoría infalible. El 26 de septiembre me exterminó un rayo. JONES & LAUGHLIN empezó a caer. No podía conceptuarlo. ¿Cómo era posible? Si éste era el nuevo BRILUND que iba a hacerme una fortuna. No era un juego, era una maniobra completamente objetiva, basada en estadísticas garantizadas. Y aún así el valor seguía cayendo. Le vi caer pero todavía me negaba a afrontarme a la realidad. Estaba paralizado. Sencillamente no sabía qué hacer. ¿Debía vender? ¿Pero cómo? En mi proyecto, basado en mis estudios absolutos, JONES & LAUGHLIN estaba valorado al menos a 75 $ la acción. Me dije a mí mismo que era sólo un infortunio temporal. No hay razones para que caiga. Es un valor fuerte; se recobrará. Debo mantenerlo y lo conservé, lo mantuve. A medida que pasaban los días más me espantaba mirar las cotizaciones, temblaba cuando me llamaba el agente de bolsa y me daba pavor abrir el periódico.

Tras una caída de tres puntos, el valor subió medio punto y mis ilusiones aumentaron a la vez."Éste es el principio de la reparación", dije. Mis miedos se tranquilizaron, pero sólo transitoriamente porque al día siguiente el valor retomó su bajada. El 10 de octubre, cuando alcanzó 44, un terror ciego se apoderó de mí. ¿Cuánto caería? ¿Qué debía hacer? La invalidez se convirtió en terror. Cada punto que bajaba el valor simbolizaba una nueva pérdida de 1.000 $. Demasiado para mis nervios. Decidí vender y me acreditaron en cuenta 583.13$. La pérdida neta fue de 9069.18$

Me sentía pisoteado, muerto, destrozado. Todas mis ideas vanidosas de que era un especialista científico de Wall Street se destruyeron. Me sentía como si un gran oso hubiera caminado fatigosamente hacia mí y me hubiera agredido justo cuando me disponía a dispararle. ¿Dónde quedaba la ciencia?¿Para qué servía la indagación?¿Qué había pasado con mis estadísticas? A cualquiera le trascendería difícil imaginar los terribles efectos del vendaval. Si hubiera sido un salvaje jugador, podría haber querido esta situación, pero había hecho todo lo posible por no ser uno de ellos: había trabajado duro mucho tiempo; había hecho todo lo posible para impedir errores; había ensayado, desarrollado, comparado; había basado mis decisiones en la pesquisa fundamental más fehaciente.\/ aún así, el único resultado fue que me habían arrebatado 9.000 $.

Una profunda desesperanza me inundó cuando me di cuenta de que probablemente perdería la propiedad de Las Vegas. El horror de la quiebra me miró directamente a los ojos. Toda la seguridad, edificada gracias a un benévolo mercado alcista y a mi primer éxito fácil con BRILUND, me dejó. Todo había salido mal. Juego, consejos, pesquisa, búsqueda e indagación. Ningún método que experimentaba para alcanzar el éxito en el mercado de valores me había marchado. Estaba exasperado y no sabía qué hacer. Sentía que no podía continuar. Pero tenía que seguir. Debía proteger mi propiedad, debía encontrar el camino que me reparara de las pérdidas. Todos los días, durante horas, aprendía las tablas de valores, buscando inquietamente alguna solución. Como un prisionero en su celda, miré los valores activos para ver si por ahí me podía escapar.

Al final, mis ojos descubrieron algo. Había un valor del que nunca había oído hablar que se llamaba TEXAS GULF PRODUCING. Parecía estar remontando. No sabía nada sobre sus fundamentos y no había escuchado ningún rumor acerca de él. Lo único que sabía era que subía de manera invariable, día a día. ¿Mi salvación? No lo sabía pero tenía que probarlo. Con mucha más consternación que esperanza, como un último intento a la desesperada para repararme de las pérdidas, di la orden de comprar 1.000 acciones a un precio comprendido entre $37^{1/8}$ y 37 1/2. El coste total fue de $37.586,26$ $.

Conservé la respiración mientras veía ávidamente su constante subida. Cuando alcanzó 40, tuve una altanera tentación de venderlo. Pero esperé. Por primera vez en mi carrera en el mercado de valores decliné hacerme con un beneficio rápido. No me aventuré; tenía que compensar esa pérdida de 9.000 $. Convocaba a mi agente a cada hora, a veces cada quince minutos. Literalmente, vivía con mi valor. Perseguía cada movimiento, cada vacilación. Lo observaba de la misma forma que un padre ansioso vigila a su bebé recién nacido.

Lo mantuve cinco semanas, observándolo con rigidez todo el tiempo. Entonces, un día, cuando estaba a 43 %, decidí no poner a prueba mi suerte durante más tiempo. Lo vendí y recibí 42.840,43 $. No recuperé los 9.000 $ pero sí más de la mitad.

Cuando vendí TEXAS GULF PRODUCING me sentí como si dejara de pasar la crisis de una enfermedad larga y crítica. Me sentía agotado, vacío, gastado, y aún así, algo empezó a resplandecer en forma de cuestión. ¿Para que, me pregunté a mí mismo, me sirvió examinar los registros de las compañías, aprender la expectativa industrial, las simbolizaciones, las relaciones precio - ganancia? El valor que me había salvado de un hundimiento había sido uno del que no sabía nada. Lo cogí por una sola razón: parecía estar subiendo. ¿Era ésta la respuesta? Podría ser.

Así que esa desafortunada experiencia con JONES & LAUGHLIN tenía su Trascendencia. No había sido un desperdicio, sino que me llevó al principio de mi teoría.

EL TÉCNICO

CAPITULO CUATRO

CREACIÓN DE LA TEORIA DE LAS CAJAS

Tras la aterradora experiencia con JONES & LAUGHLIN y una más afortunada con TEXAS GULF PRODUCING, me senté a tantear la situación. Ahora que estaba lo suficientemente asustado y rendido por el mercado, podía percibirme de que no debía considerar el mercado de valores como una trama misteriosa de la cual, si había suerte, se podría extirpar la fortuna como si se sacara un trío de ases de una máquina expendedora. Me di cuenta de que, aunque el factor suerte se halla en todas las etapas de la vida, no podía basar mis procedimientos en la suerte. Podía tener suerte una vez, tal vez dos, pero no constantemente. No, eso no me servía a mí. Yo debía descansar en el entendimiento y debía asimilar cómo se opera en el mercado. ¿Se podría ganar en el bridge sin estar al tanto de las reglas? ¿O en una partida de ajedrez sin saber cómo reconocer a los movimientos de mi oponente? De la misma forma, ¿Cómo podía esperar poseer éxito en el mercado sin aprender a comerciar?

Jugaba por dinero y el juego del mercado suponía afrontarse a los expertos más inteligentes. Por eso no podía jugar contra ellos y estar por ganarles sin aprender los cimientos del juego. Y así empecé. Primero, inspeccioné mis experiencias pasadas. Por un lado, el uso del método fundamental fue una falta, mientras que por otro el método técnico había resultado bueno. Entonces, era obvio que el mejor procedimiento sería tratar de repetir el método exitoso que había esgrimido con TEXAS GULF PRODUCING. No fue fácil. Me asentaba durante horas todas las noches con las tablas de valores, intentando hallar otro valor como aquél. De pronto un día vi un valor llamado M & M WOOD WORKING. Ninguno de los servicios de información financiera podía indicarme mucho. Mi agente de bolsa nunca había escuchado hablar de él. Aun así, mi interés por él seguía preocupándome, ya que su actuación diaria me recordaba a TEXAS GULF PRODUCTION, y empecé a rondarlo con detenimiento.

A lo largo de diciembre de 1955 y hasta fin de año, el valor subió de 15 a 23 $^{5/8}$. Después de un tiempo de calma, su volumen de transacciones se acrecentó y su precio retomó el ascenso. Entonces resolví comprar 500 acciones a 26 $^{5/8}$. Continuó subiendo y lo guardé, observando los movimientos con atención. Siguió subiendo y su volumen de transacciones persistía alto constantemente. Cuando alcanzó 33, lo vendí y saqué un beneficio de *2.866,62 $*.

Me sentí feliz y vehemente, no tanto por el dinero como porque había comprado M & M WOOD WORKING igual que compré TEXAS GULF PRODUCING, por el mero hecho de su acción en el mercado. Aunque no sabía mucho de él ni podía indagar mucho más, debía haber algunas personas que lo conocían mucho más que yo. Lo había echo bien. Después de haberlo vendido, descubrí por los periódicos que esa subida incesante se debió a que se había estado negociando en secreto una fusión. Al final se descubrió que otra compañía proyectaba hacerse con M & M WOOD WORKING por 35 $ la acción y la oferta fue aceptada. Esto también simbolizaba que, a pesar de mi completa ignorancia de las transacciones entre bastidores, yo sólo había vendido dos puntos por debajo de su valor y me encanté cuando me di cuenta de que mi compra, basada sencillamente en el comportamiento de los valores, me había entregado el beneficio de una fusión en el aire sin saber de su presencia. Era un privilegiado sin serlo en verdad.

Esta experiencia, más que ninguna otra cosa, me persuadió de que el método puramente técnico era válido. Lo que significaba que si aprendía la actuación de los precios y el volumen, sin tener en cuenta otros factores, podía lograr buenos efectos. Para pretender trabajar desde este punto de vista, me concentré en un duro estudio de precio y volumen y traté de ignorar rumores, recomendaciones o información fundamental. Resolví no preocuparme por las razones encubiertas tras las subidas. En cambio, me supuse que si alguna mejora trascendental tenía lugar en la vida de la compañía, pronto se declararía en la subida de precio y volumen del valor ya que mucha gente pretendería comprarlo. Y si yo podía adiestrar mis ojos para reconocer el cambio ascendiente a sus comienzos, como en el caso de M & M WOOD WORKING, entonces podría informar en la subida de ese valor sin conocer las razones. El problema era: ¿Cómo descubrir este cambio? Después de mucho pensar, encontré un razonamiento. Comparar los valores con personas.

Así fue como comencé a idearlo: si una belleza tormentosa saltara a la mesa y bailara escandalosamente, nadie se sorprendería en absoluto ya que es la clase de comportamiento que la gente espera de ella. Pero si una matrona merecedora, de repente, hiciera lo mismo, sería algo inusitado y la gente diría: "Aquí hay algo extraño, ha ocurrido algo". Del mismo modo, resolví que si un valor, que por lo general era inactivo, pasaba a activo, lo creería inusual y, si además acrecentaba de precio, lo compraría. Asumía que en algún lugar tras el movimiento "fuera de lo ordinario" me hallaba un grupo de personas que tenía alguna información y, yo, comprando el valor, me convertiría en su socio sosegado. Experimenté el método. Unas veces con éxito, otras no. De lo que no me había dado cuenta era de que mis ojos no estaban lo adecuadamente curtidos todavía y justo cuando empezaba a considerarme seguro de que podía operar con esta teoría me llevé un grosero despertar. En mayo de 1956 vi un valor llamado PITTSBURGH METALLURGICAL que en ese momento estaba a 67. Era un valor dinámico y de movimientos rápidos y pensé que continuaría subiendo avivadamente. Cuando vi su actividad en aumento, compré 200 acciones por un total de 13.483,40 $. Me hallaba tan seguro del cálculo que lancé todas mis precauciones por la borda y cuando el valor, en contra de mis expectaciones, empezó a disminuirse, pensé que sólo sería una pequeña reacción. Estaba seguro de que tras la leve caída, se estaba preparando para un movimiento ascendiente. Por supuesto que el movimiento se produjo, pero en la dirección opuesta. Diez días más tarde PITTSBURGH METALLURGICAL estaba a 57 $^{3/4}$ y lo vendí. La pérdida fue de 2.023,32 $. Obviamente, algo había ido mal. Todo había registrado a que ése era el mejor valor del mercado en ese instante y, justo cuando lo compré, cayó. Y más desilusionante fue que justo cuando lo vendí emprendió a subir.

Pretendiendo encontrar una explicación, inspeccioné los movimientos anteriores del valor y revelé que lo había comprado en una subida de 18 puntos, lo máximo que había alcanzado el valor hasta el minuto. Casi en el mismo instante de dar mi dinero, empezó a bajar. Era evidente que había adquirido el valor correcto en un momento equivocado. Echando un atisbo al pasado me di cuenta de lo claro que había estado todo. Pude ver por qué el valor se había comportado de esa manera, pero ya era tarde. Sin embargo, la cuestión era: ¿Cómo se califica un movimiento en el momento en que ocurre? Era un problema simple y sencillo, pero considerablemente complejo a la vez. Ya sabía que los métodos de los libros no me auxiliaban, que los balances frecuentes eran inútiles y la pesquisa, sospechosa y equivocada.
Aferrándome exasperadamente a algún indicio, decidí hacer un tratado exhaustivo de los movimientos de cada valor. ¿Cómo actuaban? ¿Cuáles son las características de su comportamiento? ¿Hay algún patrón en las oscilaciones?

Leí libros, inspeccioné tablas de valores, investigué cientos de gráficos. A medida que los aprendía, asimilaba cosas nuevas sobre movimientos de valores que no había visto antes. Me di cuenta de que los movimientos de valores no ocurrían al azar, de que los valores no se elevaban como globos en cualquier dirección sino que, como atraídos por un imán descubrían una predisposición ascendente o descendente que, una vez establecidos. Tendían a continuar. Dentro de esta predisposición los valores se movían en una serie de marcos o, como yo comencé a llamarlos, "cajas". Acostumbraban oscilar de forma algo consistente entre un punto bajo y otro alto. La zona que contenía este movimiento de ascenso o descenso representaba la caja o marco. Para mí, estas cajas habían comenzado a existir con toda claridad. Éste fue el inicio de la teoría de las cajas que iba a transportarme a la fortuna. Y así usé mi teoría: cuando las cajas de un valor por el que estuviera interesado estuvieran, como en una pirámide, una arriba de otra y el valor se hallara en la posición más alta, emprendería a vigilarlo. Podría saltar de arriba abajo de la caja y estaría orgulloso. Una vez que hubiera resuelto las dimensiones de la caja, el valor podía hacer lo que quisiera pero siempre dentro de ese marco. De hecho, si no saltaba de un lado a otro dentro de la caja, me inquietaría. Sin saltos, sin movimientos, sólo podía representar que no era un valor activo y si no era un valor activo no me concernía porque indicaba que, con mucha posibilidad, no subiría de forma dinámica.

Es decir, elegía un valor que estaba dentro de la caja **45/50**. Podía saltar entre estas cifras tanto como se me antojara y todavía lo pensaría como posible compra. Sin embargo, si caía a 44 $^{1/2}$, lo eliminaba.

¿Por qué? Pues porque cualquier cosa por debajo de 45 caía en una caja inferior y no era bueno ya que sólo quería que se movieran a cajas superiores. Revelé que un valor a veces persistía durante semanas en una caja, pero no me importaba cuanto tiempo estuviera en su caja mientras residiera en ésa y no cayera bajo el marco de la cifra más pequeña.

Por ejemplo, observé que cuando un valor se encontraba en la caja **45/50** podría leerse esto:

$$45 - 47 - 49 -- \underline{50} - -\underline{45} - 47$$

Lo que simbolizaba que, tras alcanzar un nivel alto de 50, podría reaccionar y bajar a 45, pasando cada día por 46 ó 47 y considerándome feliz porque aún estaba dentro de la caja. Pero, por supuesto, el movimiento que yo indagaba constantemente era un impulso hacia arriba, hacia la caja siguiente, y entonces sería cuando lo adquiriría.

No hallé una regla fija con respecto a cómo ocurría esto, simplemente tenía que observar y proceder rápidamente. Algunos valores volátiles y entusiastas pasaban a otras cajas en unas horas, otros en días. Si el valor actuaba de manera correcta, comenzaba a presionar desde su cajal **45/50** a otra, la caja superior. Entonces sus movimientos se podían leer así:

$$48 - 52 - 50 - \underline{55} - 51 - \underline{50} - 53 - 52$$

Es indudable que entonces se estaba fundando en la siguiente caja, la caja **50/55**.
No me malinterprete. Estos son sólo ejemplos. Lo que tenía que resolver era el ámbito de la caja. Por supuesto, variaba de un valor a otro. Por ejemplo, algunos valores se movían en marcos muy pequeños, quizás no más del 10% en cada dirección, mientras que otros valores más fluctuantes se movían en un marco de entre el 15 y el 20%. Por tanto, mi tarea consistía en precisar el marco de manera

exacta y afirmarme de que el valor no se dirigía con decisión bajo el límite inferior de la caja. Si así era, lo vendía al momento porque no actuaba de la forma correcta. Mientras se conservara dentro de la caja, consideraba que una reacción de 55 a 50 era bastante normal, sin concebir que el valor fuera a caer más, sino todo lo contrario. Antes de saltar al aire, un bailarín se inclina para coger impulso y pensé que sucedía lo mismo con los valores. Corrientemente, no saltan directamente de 50 a 70. En otras palabras, consideraba que un valor con propensión ascendente que bajaba a 45 tras alcanzar 50 era como un bailarín que se inclina disponiéndose para el salto. Más tarde, cuando tuve más práctica, aprendí también que la posición 45 de un valor después de un punto de 50 tenía otro beneficio significativo y es que te sacaba de encima a los accionistas débiles y espantados que confundían esta reacción con una caída, facilitando un ascenso más rápido del valor.

Me di cuenta de que, cuando un valor tenía una tendencia ascendente concretada, se podía sentir la simetría de su ascenso. Si le iba bien, subiría de, digamos, 50 a 70, aunque cayendo de vez en cuando ya que eso integraba parte del ritmo correcto. Por ejemplo, podría haber sido así:

50 - 52 -57 - 58 - 60 - 55 - 52 – 56

Lo que significa que estaría en la caja **52/60**.

Tras esto, en un balanceo ascendente, podría haber seguido así:

58 - 61 - 66 - -70 - 66 -- 63 – 66

Lo que representaba que podía bien estar dentro de la caja **63/70** .También pensé que aún estaba al límite de más altas esferas.

Todavía quedaba el inconveniente principal: ¿Cuál era el momento apropiado para comprarlo? Evidentemente, éste era el momento en que ingresaba en una nueva caja superior, lo cual parecía algo simple hasta que el caso LOUISIANA LAND & EXPLORATION me demostró que no.

Durante semanas Vigilé el comportamiento de este valor y lo vi constituir las cajas en pirámide. Cuando el marco superior de su ultima caja fue de 59 $^{3/4}$, sentí que lo había estimado correctamente y le pedí al agente de bolsa que me llamara cuando caja. Así hizo, pero yo no estaba en la habitación del hotel cuando llamó y pasó dos horas intentando localizarme. Cuando por fin lo logró, el valor estaba cotizado a 63. Fue desconcertante y me sentí como si me hubieran privado de una gran circunstancia. Estaba disgustado por la forma en que había pasado a 61 y, al ir a 63 en tan poco tiempo, estaba seguro de que había perdido una ganga. La razón me dejó por culpa de la exaltación. Con mi frenesí, habría pagado cualquier precio por este valor. Ahora, lo único que tenía que hacer era hacerme con un valor el cual, según mi resolución, subiría a un precio fabuloso.

Y subió, a 63 $^{1/2}$, 64 $^{1/2}$, 65. Tenía razón. ¡Lo había deducido correctamente y lo había perdido! No podía esperar más así que adquirí 100 acciones a 65, el valor más alto de la nueva caja, porque lo había perdido en el más bajo.

Aunque iba optimizando mi selección y método, aún era una especie de bebé en los dispositivos de Wall Street, de modo que planteé mi dificultad al agente de bolsa. Discutimos sobre el punto 61 de la llamada telefónica que, desgraciadamente, había perdido. Me dijo que lo debería haber puesto en una disposición automática de "stop", lo que quería decir que el valor debió haberse adquirido cuando subió a 61. Me sugirió que siempre que me resolviera por un valor, lo pusiera en orden de compra a la cifra que pretendiera, de manera que lo compraría sin tener que analizar más veces si el mercado alcanzaba esta cifra. Y accedí a hacerlo.

El problema de adquirir automáticamente al precio que pensara apropiado estaba resuelto. En esta época, tenia mi teoría de las cajas y su aplicación bien fijadas en la cabeza y en tres ocasiones sucesivas las usé con éxito.

Primero, compré ALLEGHENY LUDLUM STEEL cuando me pareció que estaban en la caja **45/50**. Compré 200 acciones a 45 $^{3/4}$ y las vendí tres semanas más tarde a 51.

También adquirí 300 acciones de DRESSER INDUSTRIES cuando parecieron entrar en la caja **84/92** . Las compré a 84, pero como no daba la impresión de que prosperaran de la manera correcta dentro de la caja, las vendí a 86 $^{1/2}$.

Luego compre 300 acciones de COOPER-BESSEMER al límite inferior de la caja **45/50** a 40 $^{3/4}$ y las vendí a 45 $^{1/8}$.

El beneficio de estas tres transacciones fue de 2.442,36 $.

Esto me dio mucha confianza, hasta que recibí una bofetada que me manifestó que precisaba más que una simple teoría. En agosto, compré 500 acciones de NORTH AMERICAN AVIATION a 94 $^{3/8}$ porque estaba positivo de que se iba a establecer en una nueva caja por encima de 100. Pero no lo hizo. Casi de inmediato, se dio la vuelta y comenzó a caer de nuevo. Pude haberlo vendido cuando accedió un punto pero decidí lo contrario y, como un terco, lo guardé. El orgullo no me dejó actuar. El crédito de mi teoría estaba en juego. Sencillamente lo mantuve, repitiéndome que no podía bajar más. Como pude asimilar más tarde, aún no sabía que en el mercado no se halla eso de no puede. Todo valor puede hacer cualquier cosa. Al final de la semana siguiente, se me había desvanecido el beneficio de mis tres operaciones anteriores. Había retornado a donde empecé.

Esta experiencia, tal como lo advierto ahora, fue un punto concluyente de mi carrera en el mercado de valores. En este momento me di cuenta finalmente de que:

1.- No hay nada indudable en el mercado: estaba obligado a errar el tiro la mitad de las veces.

2.- Debo admitir este hecho y actuar en consecuencia: hay que mitigar el orgullo y el ego.

3.- Debo ser ecuánime en mis diagnósticos, sin emparejarme con ninguna teoría ni valor.

4.- No puedo meramente esperar las oportunidades. Primero, tengo que bajar Riesgos lo máximo que sea posible.

El primer paso que di en esta dirección fue acoger lo que llamé el arma de pérdida rápida. Si ya sabia que me equivocaría la mitad de las veces, ¿Por qué no admitir mis errores de forma realista y vender prontamente con pequeñas pérdidas? Si compré un valor a 25, ¿Por qué no al mismo tiempo establecer su venta si baja a 24? Resolví dar órdenes "stop" para comprar a una establecida cantidad, con una orden de pérdida localizada por si el valor bajara. De esta forma, presumí, nunca me dormiría con pérdidas ya que si algunos de los valores bajaban del precio que yo había premeditado, no los conservaría cuando me fuera a la cama esa noche. Sabía que muchas veces me tendría "paralizado" por un punto, viendo que mi valor subiría justo después. Pero era sensato de que no era tan trascendental como contener las grandes pérdidas. Además, siempre podía volver a adquirir el valor, pagando un precio más alto. Entonces di mi segundo paso, igual de significativo. Sabía que atinar la mitad de las veces no era la respuesta al éxito. Empecé a entender que aun así se podía derrochar dinero. Si invertía unos 10.000 $ y operaba con un valor de precio medio, cada operación me costaría cerca de 125 $ de comisión cada vez que captara un valor y otros 125 $ cada vez que lo vendiera. Supongamos que atinara la mitad de las veces. A 250 $ la transacción, sólo tendría que operar 40 veces sin tener una pérdida real pero habría perdido mi capital, reducido totalmente por las comisiones.

Así es como los ratones de comisiones muerden cada operación, hasta que finalmente se terminan comiendo todo el dinero:

Comprado 500 acciones a 20 $
PAGADO (incluida comisión)   10.1 25,00 $

Vendido 500 acciones a 20 $
RECIBIDO (comisión deducida) 9.875,00 $

PERDIDAS................ 250,00 $

40 transacciones a 250 $ = 10.000 $

Sólo subsistía una respuesta a este peligro: mis beneficios tenían que ser mayores que mis pérdidas. Gracias a la práctica sabía que el problema más difícil de afrontar era exigirme a no traspasar un valor en alza demasiado pronto. Siempre vendía demasiado rápido porque era un temeroso. Cuando compraba un valor a 25 y éste subía a 30, me inquietaba tanto de que pudiera volver atrás que lo vendía. Sabía que lo correcto era guardarlo, pero siempre terminaba haciendo lo inverso.

Decidí que si no podía adiestrarme para no asustarme a cada momento, sería mejor adoptar otro procedimiento que consistía en almacenar un valor en alza pero, a la vez, mantener mi orden de pérdida limitada equivalente a esta subida. La mantendría a tal distancia que un mínimo vaivén de precio no la haría saltar. Sin embargo, si el valor cambiase de tendencia y comenzara a caer, vendería seguidamente. De este modo, el mercado nunca tendría la posibilidad de prohibirme más que una fracción de mis beneficios. Y ¿Cómo determinar cuándo acopiar los beneficios? Me di cuenta de que no era hábil de vender cuando estaba muy arriba. De hecho, cualquiera que asevere sistemáticamente que puede, falsearía. Si vendía mientras el valor subía, sería una pura suposición porque yo no podía saber hasta dónde podría llegar el ascenso. No sería una hipótesis mucho más perspicaz que anticipar que "My Fair Lady" concluirá su ciclo después de 200 representaciones. También podrías presumir que finalizará después de 300 ó 400 representaciones. ¿Por qué entonces no iba a finiquitar ninguna de estas cifras? Porque el productor estaría chiflado si acabara con el espectáculo viendo el teatro repleto todas las noches. Sólo cuando empezase a ver butacas vacías es cuando creería acabado el espectáculo.

Comparé Broadway con el inconveniente de las ventas. Estaría loco si vendiera un valor mientras está ascendiendo. Entonces, ¿Cuándo cederlo? Cuando empezasen a entrar en las cajas inversas, cuando las pirámides principiasen a venirse abajo, ése sería el momento de cerrar el espectáculo y vender. "Stop Pérdida" ó "Stop de venta" (cifra prefijada de salida automática del mercado, el cual yo subiría acorde lo hiciera el precio del valor, estaría pendiente de esto de manera automática.

Entonces, con estas conclusiones, me volví a sentar para determinar mis objetivosen el mercado de valores:

1.- Los valores apropiados
2.- El momento apropiado
3.- Pequeñas pérdidas
4.- Grandes beneficios

Inspeccioné mis armas:
1.- Precio y volumen
2.- Teoría de las cajas
3.- Orden de compra automática
4.- Orden de venta de pérdida limitada

Con respecto a la táctica base, decidí hacer siempre lo siguiente: sencillamente avanzaría sin prontitud con una tendencia ascendente, afirmándome con un móvil de pérdida limitada protegiéndome. A medida que la tendencia continuara, yo adquiriría. ¿Y si la tendencia se invirtiera? Correría como un ladrón. Me di cuenta de que había un gran problema: la necesidad de trabajar con muchas suposiciones en las operaciones. Mi estimación de que atinaría la mitad de las veces era muy optimista, pero al final entreví mi problema más claramente que nunca. Sabía que debía adoptar una manera fría y objetiva con los valores; que no podía enamorarme de ellos cuando subían ni enojarme cuando caían; que los valores no son buenos o malos, como los animales. Sólo hay valores al alza y a la baja y yo debía guardar los que suben y vender aquellos que caen. Sabia que para conseguir esto debía hacer algo mucho más arduo que cualquier otra cosa que hubiera hecho antes, es decir, tenía que vigilar mis emociones (miedo, esperanza, furia). Sin duda, se pretendería mucha autodisciplina, pero me sentía como un hombre que, sabiendo que la habitación puede iluminarse, investiga a tientas el interruptor.

CAPÍTULO CINCO

TELEGRAMAS POR TODO EL MUNDO

Casi al mismo tiempo en que empecé a operar con mis nuevos principios en mente, firmé un contrato de una gira mundial de dos años con mi actuación de baile. De inmediato me enfrenté con muchos problemas. Por ejemplo, cómo continuaría con las transacciones mientras estaba en la otra punta del mundo. Y muy rápida y vívidamentre me vino a la mente aquella vez en que mi agente de bolsa no pudo localizarme por teléfono. Si eso ocurría en Nueva York, ¿Cómo iba yo a superar dicha dificultad a miles de kilómetros de distancia? Discutí este problema con él y quedamos en que seguiría en contacto con él a través de telegramas.

También me decidí por un arma, el Barron's, una publicación financiera semanal, la cual dispusimos que se me enviara vía aérea tan pronto como se publicara. Ésta me mostraría cualquier valor que pudiera estar subiendo. A la vez, un telegrama diario me indicaría la cotización de los valores que yo poseyera. Incluso en lugares tan remotos como Cachemira o Nepal, donde tenía que actuar durante la gira, me llegaría sin falta un telegrama diario, conteniendo el precio de cierre de mis valores en Wall Street.

Para ahorrar tiempo y dinero, establecí un código especial junto con mi agente de Nueva York: los telegramas consistirían en una suceción de letras, denotando los valores, y cada una de ellas seguida de una serie de números sin significado aparente. Serían algo así:

$$\text{"B } 32 \tfrac{1}{2} \quad \text{L } 57 \quad \text{U } 89 \tfrac{1}{2} \quad \text{A } 120 \tfrac{1}{4} \quad \text{F } 132 \tfrac{1}{4}\text{"}$$

Sólo tardé dos días en descubrir que estas cotizaciones me resultaban insuficientes para seguir de manera adecuada los movimientos de mis valores ya que era imposible construir mis cajas sin conocer los límites superiores e inferiores de sus movimientos. Así que llamé a Nueva York y le pedí a mi agente que añadiera a cada precio de cierre todos los detalles de las fluctuaciones de precio diarias de mis valores, que consistían en el precio más alto y el más bajo del valor ese día. Ahora los telegramas serían así:

"B 32 ½ (34 ½ - 32 $^{3/8}$)   L 57 (58 $^{5/8}$ - 57)   U 89 ½ (91 ½ - 89)

A 120 $^{1/4}$ (121 ½ - 120 $^{1/4}$)   F 132 $^{1/4}$ (134 $^{7/8}$ - 132 $^{1/4}$)".

No solicité cotizaciones de volumen por miedo a que exageradas cifras abarrotaran los telegramas. De cualquier manera, mis selecciones eran valores de alto volumen y creí que si éste disminuía, vendría señalado a los pocos días en el Barron's. Ya que tanto mi agente como yo sabíamos a qué valor nos referíamos, sólo utilizábamos la inicial del nombre de cada valor que yo poseía. Pero como no eran las abreviaturas características del mercado de valores, estos mensajes constantes de misteriosas letras y cifras contrariaban y molestaban al servicio de correo de casi todas partes. Antes de concederme los primeros telegramas, tenía que darles una definición detallada de lo que contenían.

Obviamente, especulaban que yo debía de ser un agente secreto. Tenía que enfrentarme todo el tiempo a sus desconfianzas, especialmente en el Extremo Oriente, e incluso fue peor en Japón, donde los oficinistas de telégrafo eran más suspicaces que en ninguna otra área ya que no parecía que los burócratas japoneses se hubieran redimido del todo de la fantasía del espionaje de preguerra. Cada vez que iba a una nueva ciudad, como Kioto, Nagoya u Osaka, los oficinistas de telégrafos me observaban con grandes dudas. Siempre tenía que dar largas definiciones, pero como no sabía japonés, a menudo resultaba una tarea enredada. Sin embargo, aunque parezca raro, se agradaban tan pronto como certificaba un papel contándoles exactamente el contenido de los telegramas. Podrían no haber sido seguros pero, eso no se les pasó por la cabeza. Por otro lado, sin ese papel con mi firma refutaban enviarme el telegrama.

Tardé mucho tiempo en conseguir cambiarles la mente. De hecho, pasé seis meses en Japón antes de que, posteriormente, me convirtiera en el protagonista famoso de las oficinas de telegrama de la generalidad de las ciudades principales. Incluso empezaron a reconocer mis telegramas gozosamente sin necesidad de una firma especial. Se había corrido la voz por todo Japón de que yo era un europeo maniático, aunque supuestamente inofensivo, que me llevaba todo el tiempo mandando y recibiendo telegramas con trazos financieros. Durante mi excursión mundial, los viajes alcanzaron desde Hong Kong a Estambul, Rangún, Manila, Singapur, Estocolmo, Formosa, Calcuta, Japón y muchos otros lugares. Como es natural, a menudo me tropecé con otros aprietos tratando de recibir y enviar los telegramas. El problema primordial era que los telegramas no pudieran localizarme mientras viajaba, así que cuando me cambiaba duplicábamos o incluso triplicábamos los telegramas. Por ejemplo, era bastante frecuente que un mismo telegrama saliera de Wall Street con dirección al vuelo Pan-Am 2 Aeropuerto de Hong Kong, redundado para el aeropuerto de Tokio y repetido para el Nikkatsu Hotel deTokio. Estos acomodos me daban la posibilidad de que, si los perdía mientras volaba, los acopiaba justo cuando aterrizaba.

Por ejemplo, los inconvenientes para operar en Wall Street desde Vientiane, Laos, fueron enormes. El primero fue que no había ningún sistema telefónico. El único teléfono local se hallaba entre la delegación militar americana y la embajada americana que, por supuesto, no estaban a mi disposición. Si quería enviar o recoger algún mensaje, tenía que tomar una calesa oriental que me transportara a la oficina de correos que abría sólo ocho horas al día y no cerraba nunca después del último minuto. Ya que había una incompatibilidad de doce horas entre aquel sitio y Nueva York, la oficina de correos estaba cerrada durante las horas en que Wall Street persistía abierto. Me anegaba una tensión constante y me inquietaba que se retrasaran noticias trascendentales del mercado de valores. Un día, al ir a la oficina de correos, había un telegrama aguardándome que había sido enviado primero de Saigón a Hong Kong y luego de Hong Kong a Vientiane. Lo abrí con reparo, pensando que el retraso realmente avisara un desastre. Sin embargo, por suerte, no sujetaba ninguna información que me forzara a actuar. Pero Laos fue sólo uno de los lugares donde me tropecé con dificultades. En Katmandú, la capital de Nepal, en el Himalaya, no había ningún servicio telefónico. La única oficina de telégrafos se hallaba en la embajada india y todas las noticias telegráficas del exterior las recibían allí. Los oficinistas de la embajada, obviamente, pensaban que era degradante molestarse con telegramas privados dirigidos a personas normales, por lo que, cuando llegaba un telegrama para mí, no me lo disponían sino que yo tenía que llamar por teléfono a la embajada a cada momento para ver si había algún mensaje. A veces, tenía que llamar diez veces antes de que me solicitaran que fuera a recoger un telegrama. Y lo que es más, estaban escritos a mano y a menudo indescifrables. Los dispositivos básicos de mis operaciones eran estos: el Barron's, publicado en Boston los lunes, corrientemente me llegaba cerca del jueves si estaba en Australia, La India o cualquier parte del mundo no muy distante de los Estados Unidos. Por supuesto, esto simbolizaba que estaba retrasado cuatro días en cuanto a los movimientos de Wall Street. Sin embargo, si veía en el Barron's un valor que se comportara según mis suposiciones, enviaba un telegrama a mi agente solicitándole que me pusiera al día con los movimientos que había sufrido el valor desde el lunes al jueves, por ejemplo:

"TELEGRAFÍAME LÍMITES Y CIERRE DE ESTA SEMANA CHRYSLER"

Si, por ejemplo, el valor se comportaba, según mi opinión, de manera adecuada en la caja **60/65**, entonces aguardaría a ver si después de cuatro días las evaluaciones de Nueva York se mostraban igual. Si al telegrafiarme las cotizaciones, éstas continuaban en sus cajas todavía, decidía estar a la mira. Luego solicitaría a mi agente que me las cotizara diariamente poder observar si ingresaban a la caja superior, y si me satisfacía lo que veía, enviaba un telegrama a Nueva York con mi orden de compra "stop", con explicaciones para mi agente de que no meditara su cancelación hasta que no detallara lo contrario. Siempre iba acompañado por una orden automática de pérdida limitada por si el valor se desplomara después de comprarlo. Un telegrama típico mostraría esta apariencia:

"COMPRA 200 CHRYSLER 67 STOP 65 PÉRDIDA LIMITADA"

Por un lado, si el telegrama de mi agente me enseñaba que se había salido de la caja **60/65** desde que yo lo había visto en el Barron's, me relegaba de él porque sería demasiado tarde para actuar. Tendría que esperar otra ocasión. Naturalmente, me vi forzado a limitar mis operaciones a unos pocos valores. La razón era meramente financiera. Si gastaba 12 $ ó 15 $ al día en telegramas pidiendo las cotizaciones de valores, la operación resultaría poco rentable a no ser que lograra enormes beneficios.

Al principio me sentía horrorosamente asustado. No es que estar en Nueva York me hubiera socorrido en el pasado, pero al menos poder informarme con Wall Street por teléfono me había suministrado un falso sentimiento de confianza. Y lo eché de menos por un tiempo. Sólo más tarde, cuando fui obteniendo experiencia poco a poco en operar a través de telegramas, le vi las superioridades a esto. Ni llamadas telefónicas, ni desórdenes, ni rumores discordantes; factores que, combinados, me suponían una visión mucho más distante. Como sólo manipulaba de cinco a ocho valores a un mismo tiempo, los separaba automáticamente del movimiento impreciso de los cientos de valores que como en una jungla, les envolvían. Así no me influía nada, excepto el precio de mis valores. No podía escuchar lo que la gente expresaba pero sí podía ver lo que hacían. Era como una partida de póquer en la que no escuchaba las apuestas pero veía las cartas. En ese momento no lo sabía, pero más tarde, a medida que me hacía más especialista en el mercado, me di cuenta de lo meritoria que fue esta situación. Por supuesto, los jugadores de póquer pretenderían engañarme con palabras sin mostrarme las cartas. Pero si no escuchaba esas palabras y, en cambio, advertía siempre sus cartas, podía investigar lo que se disponían a hacer. Al principio traté de ejercer por escrito sin invertir dinero, pero pronto revelé que el trabajo por escrito era muy disímil de la inversión real, como jugar a las cartas sin dólares de bote. Era tan delicado y excitante como el bridge en casa de unas damas ancianas.

Todo parecía muy factible sobre el papel, sin dinero en juego, pero, tan pronto como invertía 10.000 $ en un valor, la cosa era muy disímil. Sin dinero invertido podía vigilar mis sentimientos cómodamente, pero cuando ponía dólares en un valor, mis emociones surgían en un momento. Como los telegramas continuaban llegando día tras día, me fui acostumbrando a este nuevo paradigma de operaciones y comencé a sentirme cada vez más seguro. Sólo me fastidiaba un hecho en específico y era que a veces alguno de mis valores hacía movimientos misteriosos que no tenían correlación con su comportamiento preliminar. Esto me perturbó y mientras investigaba una explicación hice un descubrimiento memorable: me di cuenta de que estaba sólo. Estaba claro que no podía aprender nada más de los libros y que nadie podía tutelarme. Me encontraba totalmente sólo con mis telegramas diarios y mis ediciones semanales del Barron's, mis únicos empalmes con Wall Street, a miles de kilómetros de distancia. De modo que si quería un esclarecimiento, sólo podía acudir a ellos.

Así que me sumergí ansiosamente en el Barron's. Lo hojeé hasta hacer trizas sus páginas y, al final, revelé lo siguiente: los movimientos misteriosos de mis valores coincidían corrientemente con algún movimiento impetuoso en el mercado general. Como sólo recibía las evaluaciones de mis valores, ignoraba por completo la posible autoridad que podía practicar en ellos el mercado general. Casi como tratar de regir una batalla estudiando sólo una unidad del campo de batalla. Para mí, esto fue un hallazgo substancial y actué acorde con ello de inmediato. Pedí a mi agente que aumentara al final de los telegramas el precio de cierre del índice Dow Jones de valores Industriales, lo que podría darme, según mi dictamen, una idea lo adecuadamente clara de cómo se comportaba el mercado general. Los telegramas ahora eran así:

"B 32 ½ (34 ½-32 ⅜)   L 57 (58 ⅝ - 57)   U 89 ½ (91 ½ - 89)

A 120 ¼ (121 ½ - 120 ¼)   F 132 ¼ (134 ⅞ - 132 ¼) 482.31"

Cuando tomé los primeros telegramas con dicha información, me consideraba como un niño con zapatos nuevos. Pensaba que había desenmascarado una fórmula completamente nueva. Al tratar de relacionar el índice Dow Jones de valores Industriales con los movimientos de mis valores, especulé que si el índice subía, igual ocurriría con mis valores. Poco después, descubrí que no era seguro. Tratar de conectar el mercado dentro de un criterio riguroso era un error o, por lo menos, parecía una tarea inadmisible ya que cada valor se comportaba de una forma diferente. No existía un patrón automático. Me equivoque muchas veces antes de que me relegara del índice, poco antes de saber que Dow-Jones Company publica un índice que sólo manifiesta el comportamiento diario de 30 valores selectos. Otros valores se ven influidos por ellos pero no siguen de forma mecánica su patrón. También me di cuenta de que Dow-Jones Company no es una organización que predice el futuro, ni pretende decir cuándo los valores individuales subirán o bajarán.

Poco a poco, fui concibiendo que no se podría emplear modelos mecánicos a la relación real entre el índice y los valores individuales, sino que calcular esta relación era un arte. De alguna manera era como la pintura. El artista crea los colores sobre el lienzo cumpliendo ciertos principios, pero le resultaría improbable explicar cómo lo hace. De la misma forma revelé que la relación entre el índice y mis valores individuales estaba confinada a ciertos principios, pero éstos no podían calcularse con exactitud. Desde entonces, me propuse patrullar el índice Dow Jones de Valores Industriales sólo para establecer si me hallaba en un mercado fuerte o débil. Lo hice así porque me di cuenta de que un ciclo del mercado general practica autoridad sobre cada uno de los valores. Los ciclos principales como un mercado alcista o bajista habitualmente intervienen en la mayoría de ellos. Ahora que ya le había dado el toque final a mi teoría, me creía mucho más fuerte. Me sentía como si intentara tocar alguno de los botones que iluminan la habitación. Descubrí que podía hacerme una sentencia de los valores por medio de los telegramas que tenía frente a mí, como si fueran rayos-x. Para un novato, una fotografía de rayos-x necesita de un significado, mientras que para un médico, ésta a menudo sujeta la información que quiere saber, concerniendo sus hallazgos con la naturaleza y permanencia de la enfermedad, la edad del paciente, etc., y sólo entonces saca sus soluciones. Al mirar los telegramas yo ejecutaba algo similar. Confrontaba unos con otros los precios de mis primeros valores, luego con el índice Dow-Jones y, después de calcular la banda de fluctuación, tanteaba si debía comprar, vender o mantener. Lo hacía de manera automática, sin un examen profundo. No me lo podía explicar del todo hasta que me di cuenta de que ahora leía el alfabeto en vez de pronunciarlo. Hacía lo que hace un adulto culto: podía equiparar las páginas impresas con un repaso y sacar conclusiones de ellas, en vez de situar con mucho trabajo las letras una tras otra como un niño.

Al mismo tiempo pretendí entrenar mis emociones. Lo trabajé de esta forma: cuando adquiría un valor, escribía las razones, repitiendo este entrenamiento cuando vendía. Cuando un negocio emanaba en pérdidas, escribía las razones que yo opinaba que lo habían causado e intentaba no redundar en el mismo error. Ésta es una de mis tablas:

Comprado	Comprado	Vendido	Causa del error
SLANDC REEK COAL	46	43½	Comprado demasiado tarde
JOY MANUFACTURING	62	60⅛	Pérdida limite demasiado cerrada
EASTERN GAS & FUEL	27¾	25⅛	Pasar por alto el débil mercado general
ALCOA	118	116 ½	Comprado cuando descendía
COOPER-BESSEMER	55⅝	54	Momento equivocado

Estas tablas de causa de error me auxiliaron en gran medida. Redactándolas una tras otra, siempre asimilaba algo de cada movimiento. Por ejemplo, comencé a ver que los valores tenían características como los hombres, lo cual no es tan absurdo ya que ellos reflejan con sinceridad las características de aquellas personas que los compran y venden. Igual que los seres humanos, los valores proceden de maneras disímiles. Algunos de ellos son tranquilos, pausados, conservadores, mientras que otros son saltones, excitables, tensos. Era fácil adivinar a algunos de ellos porque tenían movimientos estables, comportamientos lógicos. Eran como amigos de confianza. Pero era quimérico manejar a otros. Cada vez que los adquiría, terminaban dañándome. Había algo casi humano en su conducta. Parecían no quererme. Me recordaban a un hombre con quien pretendes ser agradable pero que cree que le has ultrajado y te abofetea. Tomé la determinación de que si estos valores me golpeaban dos veces, rehusaría a concernirme con ellos más, me zafaría del golpe y me retiraría para comprar algún otro que pudiera manipular mejor. Por supuesto, esto no representaba que otras personas con un genio diferente pudieran llevarse bien con ellos, igual que alguna gente se lleva mejor con un conjunto de personas que con otro. La experiencia que obtuve gracias a las tablas 'causa del error' se convirtió en el más significativo de todas mis cualidades y ahora me doy cuenta de que nunca lo habría aprendido en los libros. Intenté ver esto como el manejo de un coche. Se le puede enseñar al conductor cómo utilizar el acelerador, el volante y los frenos, pero aun así tiene que desarrollar su propio estilo de conducción. Nadie puede decirle cómo calificar si está demasiado cerca del coche de delante o cuándo debería disminuir la marcha. Son cosas que sólo puede aprender de la práctica. Mientras que volaba alrededor del mundo maniobrando a la vez en Wall Street mediante telegramas, poco a poco, vi que aunque me estaba convirtiendo en un especialista en diagnósticos, no podía llegar a ser un vaticinador. Cuando examinaba un valor y lo creía fuerte, lo único que podía decir era: "Ahora está saludable, hoy, a esta hora, pero no puedo garantizar que no tome un resfriado mañana". Mis cultas suposiciones, sin importar cómo fueran de reservadas, muchas veces resultaban erradas. Aunque ya eso no me fastidiaba. Después de todo, pensaba, ¿Quién era yo para decir qué correspondería o no hacer un valor?

Ni siquiera mis errores me hacían desdichado. Si atinaba, mucho mejor y si me equivocaba, vendía. Ocurría inconscientemente, como algo ajeno a mí. Ya no me engreía que el valor subiera ni me sentía lastimado si caía. Ahora sabía que el significado más usado de la palabra "valor" no puede esgrimirse en relación a los "valores" referidos a "acciones de una compañía cotizada en bolsa" . El valor de una acción es su precio cotizado, que a su vez obedece completamente a oferta y la demanda. Al final aprendí que no se hallan acciones de 50 $ ya que si una acción bajara a 49 $, ahora sería una acción de 49 $. A miles de kilómetros de Wall Street, logré desligarme emocionalmente de todas las acciones que tenía. También decidí no dejarme influir por problemas de impuestos. Mucha gente conserva los valores durante seis meses para captar un capital a largo plazo. Yo lo consideraba peligroso, porque podría derrochar dinero guardando un valor descendiente sólo por razones fiscales.

Decidí operar en el mercado haciendo primero lo correcto: seguir lo que ordene el comportamiento de una establecida acción e inquietarme por los impuestos más tarde. Manipulé con éxito los valores durante suficiente tiempo, como si en realidad hubieran sido elaborados para confirmar mi nueva actitud. Compraba con audaz seguridad cuando pensaba que había operado correctamente, mientras que con insensibilidad, sin sentirme herido en mi amor propio, admitía mis pérdidas limitadas cuando creía que me desacertado. Una de mis operaciones con más triunfo fue con COOPER-BESSEMER. Compré tres veces en ese valor, 200 acciones cada vez, de las cuales dos de las operaciones terminaron en pérdida pero la tercera me dio un beneficio enorme. Estos son los detalles de estas transacciones:

Noviembre 1956

Comprado a   46   (9.276, OO $)

Vendido a   45 $^{1/8}$ (8.941, O9 $)

         Pérdida 334,91 $

Diciembre 1956

Comprado a   55 $^{3/8}$ (1 1.1 56,08 $)

Vendido a   54   (10.710,38 $)

         Pérdida 445,70 $

Enero - Abril 1957

Comprado a   57   (1 1.481,40 $)

Vendido a   70 $^{3/4}$ (1 4.056,95 $)

         Beneficio 2.575,55 $

Algunos otros valores más, como DRESSER INDUSTRIES y REYNOLDS METALS, se comportaron igual de bien y me dieron beneficios agradables. Pero entonces, en el verano de 1957, mientras estaba en Singapur, se desplegaron una serie de circunstancias aún más sorprendentes. Compré BALTIMORE & OHlO RAILROAD a 56 $^{1/4}$. Pensé Que se encontraba en la caja **56/61** que avanzaría. Pero empezó a descender y lo vendí a 55.

Entonces experimenté con DOBECKMUN. Calculé que estaba en una caja **44/49** así que la obtuve a 45. Empezó a flaquear y lo vendí a 41.

Compré DAYSTROM a 44 porque especulaba que estaba subiendo a la caja **45/50** Lo vendí a 42 $^{1/4.}$

Compré FOSTER WHEELER a 61 $^{3/4}$. Pensé que estaba en la c a j a **60/80** Al volverse en mi contra, vendí justo por debajo del marco de 60 a 59 ¼.

AEROQUIP fue el último. Lo adquirí a precios que se percibían entre 23 $^{1/2}$ y 27 $^{5/8}$. Patrullé cómo escalaba a 30 y esperé a que evolucionara a la c a j a **31/35** pero no ocurrió así. Tuve que deshacerme de AEROQUIP a 27 $^{1/2}$.

Posteriormente, el 26 de agosto de 1957, me vi sin un sólo valor. La orden automática de pérdida limitada me había vendido todo. En dos meses todos mis valores, habían dado un vuelco poco a poco y uno a uno había decaído hasta el fondo de sus cajas. Y uno a uno, incluso por cuestión de medio punto, fue vendido. No me gustó eso, pero no había nada que pudiera forjar. Según mi teoría, debía sentarme a hacer tiempo con paciencia hasta que uno o más de los valores de los que me había deshecho, o cualquiera de los otros que estaba patrullando, subiera a una nueva caja superior. Expectante y anhelante, observaba desde la línea de banda sin ningún dólar invertido, mientras los precios seguían bajando. Pero no se mostraba ninguna oportunidad. Lo que no sabía era que estábamos al final de una etapa del gran mercado alcista. Pasaron varios meses antes de que se hiciera evidente y se expusiera el mercado bajista. La mitad de los observadores de Wall Street aún lo discuten. Dicen que fue puramente una reacción intermedia, un salto pasajero en el mercado ascendente. Sin embargo, todos estaban de acuerdo en que los precios se derrumbaron en picado. Por supuesto, todas estas opiniones se han aventurado a posteriori, siendo ya demasiado tarde. Pero nadie nos sugirió que dejáramos el mercado cuando lo necesitamos.

Recuerdo el caso de Hitler cuando resolvió invadir Estalingrado. Para él sólo era otra ciudad rusa que tomar y ocupar, pero nadie sabía, mientras se extendía la batalla de Estalingrado, que éste seria el minuto crucial de la guerra y durante mucho tiempo sólo unos pocos se dieron cuenta de ello. Incluso cuando los ejércitos alemanes estaban a medio camino de vuelta, aún se hablaba de que era una vuelta estratégica. De hecho, era el final de Hitler. El mercado alcista de la guerra nazi acabó el día que Hitler atacó Estalingrado. De igual modo me di cuenta de que me resultaría improbable evaluar grandes momentos cruciales en la historia del mercado justo cuando empezaban a ocurrir. Lo que más me encantó, mientras los precios de Wall Street seguían cayendo, era mi comprensión progresiva de que dicha evaluación era superflua gracias al sistema de escape por medio de las órdenes de pérdida limitada.

Hice el feliz descubrimiento de que mi método había marchado mucho mejor de lo que había soñado porque de forma inconsciente me había redimido antes de que llegaran los malos tiempos. El mercado había cambiado, pero yo ya estaba fuera de él.

El aspecto más significativo fue que no había tenido la más mínima huella de que el mercado declinaría. ¿Cómo iba a tener esa averiguación? Estuve todo el tiempo lejos. No había oído pronósticos, ni estudiado fundamentos, ni oído rumores. Sencillamente me había salido sobre la base del procedimiento de mis valores.

Más tarde, cuando aprendí los valores que se habían vendido de forma automática, descubrí que subsiguientemente descendieron mucho más inclusive en el periodo de recesión. Observé la siguiente tabla:

	1957 Lo vendí a	1958 Menor precio	1986 Mayor precio
BALTIMORE & OHIO	55	22⅝	45¼
DAYSTROM	42¼	30	39¾
FOSTER WHEELER	59½	25⅛	39⅛
AEROQUIP	27½	16⅞	25¾
ALLIED CONTROL	48¼	33½	46½
DRESSER INDUSTRIES	54½	33	46⅝
JOY MANUFACTURING	68	38	54½
ALLEGHENY LUDLUM	56½	30⅛	49⅜

Cuando observé la tabla pensé: si la disposición de pérdida limitada no me hubiera dejado fuera del mercado, podría haber perdido cerca del 50 % de mi inversión. Habría sido como un hombre en una jaula, enclaustrado con mis ahorros y echando en falta la oportunidad de hacer fortuna. La Única manera que tenía de correr habría sido arrojándome, con una pérdida del 50%, potencialmente arruinado y con una confianza en mí mismo demasiado perjudicada para ejecutar futuros negocios. Por supuesto, podría haber adquirido estos valores para "guardarlos", una medida clásica de aquellos que se designan a sí mismos inversores conservadores, aunque ahora los imagino puros jugadores. ¿Cómo van a ser no jugadores si persisten con un valor incluso cuando sigue cayendo? Un no-jugador debe desbaratarse de los valores cuando descienden. Sin embargo, ellos perseveran ahí, con la eterna ilusión del jugador en la carta de la suerte.

Pensé en la gente que pagó 250 por NEW YORK CENTRAL en 1929. Si aún hoy lo guardaran estaría valorado sobre 27. ¡Y aun así se encolerizan si les llamas jugadores! Durante la primera semana de septiembre de 1957 y con este aire de no-jugador, recibí mi encuesta mensual. Comencé a inspeccionar mis cuentas. Descubrí que había recuperado el dinero perdido en JONES & LAUGHLIN y mi capital original de 37.000 $ estaba casi ileso. Muchas de mis operaciones se habían ejecutado con un éxito contenido, aunque las comisiones e impuestos se habían facturado una buena cantidad. Cuando me metí en las cuentas de forma más recóndita, me di cuenta de que tenía la nada codiciada distinción de salir del mayor mercado alcista de la historia con mucha práctica, una gran cantidad de ideas, mucha más seguridad y... una pérdida neta de 889 $.

CAPÍTULO SEIS
EL RECIÉN NACIDO MERCADO BAJISTA

Después de unas pocas semanas sin una sola acción, resolví realizar un examen clínico de la situación más íntegro. Para deducirlo claramente confronté los dos mercados. El mercado alcista lo distinguía como un campamento de verano soleado lleno de fuertes atletas. Pero tuve que acordarme de que algunos valores eran más enérgicos que otros. ¿Y el mercado bajista? El campamento de verano se convirtió en hospital. La gran mayoría de los valores estaban infectados, aunque algunos más que otros.

Cuando llegó el cambio casi todos los valores se vieron desalmados, y se rompieron casi todos. Por tanto, ya sólo era cuestión de computar el alcance y la conservación de su enfermedad. Concluí que si un valor había caído de 100 a 40, casi con toda seguridad no subiría a la misma altura de nuevo por mucho tiempo. Era como un deportista que se ha herido la pierna y precisa un largo período de recobro antes de volver a correr y saltar como antes. En mi cabeza tenía claro que no podía lograr dinero adquiriendo un valor y alentándole después y JONES & LAUGHLIN me había persuadido de eso. Pude recordarme sintiéndome ávido, empujando el valor hacia arriba, un estremecimiento muy humano que no causa más resultado en el mercado que los asistentes en una carrera de caballos. Si un caballo va a ganar, ganará, incluso si miles de espectadores alientan a algún otro. Lo mismo aquí. Sabía que si adquiría un valor y resultaba mal, todo lo que hiciera para alentarlo y empujarlo no trastornaría el precio ni medio punto y no había forma de decir cuánto podría derrumbar el mercado. No me gustaban las predisposiciones, pero sabía que era inútil intentar combatir en su contra. La situación me recordó una observación de George Bernard Shaw la noche de estreno de una de sus obras, después de que cayera el telón y todos comenzaran a aplaudir y celebrar excepto un hombre que comenzó a silbar. G.B.S. se acercó a él y le dijo: "¿No te gusta mi obra?".El hombre objetó: "No, no me gusta". A lo que Shaw repuso: "A mí tampoco, pero ¿Qué podemos hacer nosotros dos contra toda esta muchedumbre?" Así que admití las cosas como eran y no como me deleitaría que fueran.

Sencillamente permanecí entre bastidores a ir al encuentro tiempos mejores. Mi firme falta a operar fue tan concluyente que mi agente me escribió y me preguntó la razón. Se lo traté de explicar por medio de una burla: "Es un mercado para pájaros y no veo razón alguna para estar en un mercado de pájaros".

El espacio de tiempo que siguió, lo pasé como un corredor entrenando para la carrera. Semana tras semana, mientras no poseía ningún valor y el mercado continuaba en una tendencia descendente persistente, seguí las cotizaciones en el Barron's. Intenté descubrir aquellos valores que se resistían al descenso. Discurrí que si podían nadar contra corriente, entonces serían los que ascenderían más ágilmente cuando la corriente cambiara. Después de un tiempo, cuando se consiguió salir del primer cambio del mercado, llegó mi ocasión.

Algunos valores empezaron a oponer resistencia a la tendencia descendente. Seguían bajando, pero, mientras la mayoría caía expeditamente, siguiendo la atmósfera del mercado general, estos valores concedían terreno de mala gana. Casi podía notar su aversión. En un examen más minucioso, descubrí que la mayoría de ellos eran sociedades cuyas tendencias de ingresos anotaban directamente hacia arriba. Por tanto, la conclusión era obvia: el capital manaba en estos valores, incluso en un mercado funesto. Este capital perseguía las mejoras de entradas de la misma forma que un perro persigue un olor. Este descubrimiento me abrió los ojos a una apariencia totalmente nueva. Ratifiqué la certeza de que los valores son esclavos del "poder de beneficios", es decir: su cabida futura para generar beneficios (sean estos reales o imaginarios). Como consecuencia, decidí que mientras pudieran concurrir razones tras cualquier movimiento de valores, sólo investigaría una: la mejora del "poder de beneficios" beneficio o su anticipación. Para ello, casaría mi método técnico con el esencial. Elegiría los valores según su progreso en el mercado pero sólo los adquiriría cuando pudiera presentar la mejora en la escala de beneficio como una razón principal para hacerlo. Así fue cómo obtuve mi teoría tecno - fundamentalista, la cual aún sigo utilizando hoy.

Con relación a la aplicación práctica, decidí orientarlo con vistas a 20 años, lo que no quería decir que quisiera guardar un valor durante 20 años. Nada más contradictorio a mis intenciones, aunque persistía atento a aquellos valores que estuvieran interconectados con el futuro y de los que pudiera esperar una mejora enorme en los ingresos de la compañía gracias a los nuevos productos revolucionarios.

Algunas industrias eran obvias a simple vista, como la electrónica, misiles, combustibles de cohetes, ya que eran fabricaciones novedosas de rápido esparcimiento y, a no ser que algo improvisto saliera, su expansión debería irradiarse pronto en el mercado. Gracias a mi indagación en la historia del mercado de valores, sabía que las iniciaciones básicas que rigen los valores del futuro siempre se han sostenido estables en Wall Street. Durante los años anteriores al auto, los operadores inteligentes se pasaron a los ferrocarriles porque sabían que suplantarían al carromato y a la rapidez. Aproximadamente una generación más tarde, los inversores más desconfiados se cambiaron del ferrocarril a los automóviles. Asociaciones progresistas en esparcimiento como GENERAL MOTORS o CHRYSLER eran entonces firmas comparativamente más pequeñas, pero simbolizaban el futuro. Aquellos que adquirieron sus acciones en ese instante y las guardaron durante el periodo de expansión lograron mucho dinero. Ahora son valores de influencia. No son para el especulador progresista. Lo mismo sucede hoy, pensé. En la hipótesis general del futuro alcista, los valores que prometen una prosperidad emprendedora en el futuro deberían sobrellevarse mejor que los demás. Un valor sólido que está en sintonía con la era aeronáutica podría valorarse 20 veces más dentro de 20 años. Sabía que en esta clase de valores había unas usanzas definidas igual que sucede con la ropa de mujer y si quería tener victoria, era trascendental buscar valores de moda. La moda femenina va cambiando, y lo mismo acontece con la moda de los valores. Ellas llevarán faldas más largas o más cortas, con unos centímetros de contraste, cada dos o tres años aproximadamente. Igual sucede con los valores. Mientras que la moda permanece, los inversores más adelantados entran y se quedan. Luego, poco a poco, la moda se va disminuyendo y ellos salen, poniendo su dinero en un valor con género nuevo. Sabía que debía no perder de vista con interés estos cambios de moda porque si no, podría permanecerme con un valor que llevaba falda larga cuando los valores nuevos ya mostraban las rodillas. También, a no ser que estuviera muy alerta, podría derrochar algo impresionantemente nuevo como la "era de pechos grandes".

En realidad no es tan absurdo como podría parecer. Por ejemplo, un producto mítico como un automóvil que además puede volar. Todo el mundo corre a adquirir acciones de esa compañía. Sin embargo, puede ser que en ese mismo minuto, en un establo reformado de Oregón dos hombres ya trabajen en la alteración que aventajará en gran medida al coche volador. Una vez que esté dispuesto para el mercado y se haya constituido una compañía que lo maneje, este coche volador tan original será sucedido, su valor empezará a decaer y se pasará de moda. Esto es una aclaración que no resuelve el problema: ¿Cómo comprar acciones *De moda este año*? Sólo podía hacerlo patrullando minuciosamente alguna señal del mercado. Si parecía que la moda se apartaba de la falda larga, debía de haber algún otro valor a punto de ponerse de moda y que retomará su puesto. Lo que tenía que hacer era hallar acciones que subieran porque avivaban el interés de la gente por el futuro. Basándome en estos pensamientos, patrullé con cuidado las cotizaciones del mercado de valores en este alto general de valores en expansión que estaban en sintonía con la era aeronáutica. No me concernían los productos particulares de la compañía, ya fueran metales para cohetes, combustible sólido o dispositivos electrónicos modernos. De hecho, ni siquiera quería saber a qué se consagraban, porque esa indagación sólo lograba cohibirme. Era tan minúsculo mi interés por los frutos de la compañía como la influencia que podría cultivar sobre mí el hecho de que el presidente del consejo tuviera una mujer muy apuesta. Sin embargo, quería saber si la sociedad pertenecía a una novedosa fabricación pujante y si se admitía en el mercado según mis requisitos.

Por supuesto, esto estaba totalmente en contra del consejo de muchos escritores financieros con ideas moderadas que han triturado durante generaciones a inversores para que aprendieran informes de balances generales de compañías y descubrieran todo lo que pudieran sobre los historiales de un valor para hacer una inversión perspicaz.

Decidí que eso no me interesaría a mí. Todo lo que un informe o balance general de una compañía puede exponer es el pasado y el presente. No puede exponer el futuro. Y por eso mismo tenía que planear procedimientos. También me di cuenta, humildemente, de que ésa era sólo mi forma personal de ver la inversión. Yo indagaba ganancias de capital. Pero una viuda que inquiriera ingresos de dividendos tendría que pensar de forma disímil. Mientras volaba alrededor del mundo, investigaba asiduamente valores que escalaran a la estratosfera a por una perspectiva de futuro. Esta actitud era la gestación a lo que creo que podría citarse como operaciones en territorio de alto nivel. Averiguaba valores que, según mi creencia, pudieran golpear nuevos récords y decidí proporcionarles toda mi atención cuando hubieran logrado la plataforma de expulsión y estuvieran a punto de salir disparadas. Ahora estos valores estarían a su precio más enaltecido y les parecerían demasiado caros a los no iniciados. Aunque podrían ponderarse aún más. Tuve que hacerme a la idea de comprar alto y vender mucho más alto. Haciendo uso de mi adiestramiento en adquisiciones fuertes, intenté con diligencia dar con estos valores de alta velocidad, caros pero baratos a la vez. Los escudriñaba a todas horas ya que estaba seguro de que remontarían a la primera señal de un mercado mejor. Con prolijidad, vigilé una docena de valores que parecían hallarse dentro de esta categoría, evidenciando sus cotizaciones semanales, analizando su proceder por si ofrecían señales de decadencia. Observé de cerca la acción de los precios y, además, estuve presto de cualquier actividad inusual. No había olvidado la categoría del volumen. También me prepare para maniobrar con valores de alta cotización, debido a las comisiones de corretaje. Al inspeccionar los índices, descubrí que salía más barato invertir 10.000 $ en un valor de 100 $ que en uno de 10 $ y ésta es la razón: Supongamos que quisiera invertir 10.000 $ en un valor. Podría hacerlo de varias maneras. Por ejemplo, podría comprar:

1000 acciones de un valor de 10 $

ó
500 acciones de un valor de 20 $

ó
100 acciones de un valor de 100 $.

55

El tipo de comisión de la Bolsa de Nueva York eran:

Precio del valor	Comisión por 100 acciones
1$	6$
5$	10$
10 $	15 $
20 $	25 $
30 $	30 $
40 $	35 $
50 $	40 $
100 $	45 $

La inversión de los 10.000 $ me costaría (compra y venta):

çEn el caso del valor de 10 $ .... 300 $
En el caso del valor de20 $ .... 250 $
En el caso del valor de 100 $ .... 90 $

Si mi punto de compra era conveniente, la comisión del agente de bolsa no me importaba pues la sacaría del beneficio. Pero si no era el momento oportuno y se vendía, entonces surgía otro inconveniente. Tanto la comisión por compra como la comisión por venta se completarían a mi pérdida. Así que puede concluirse que mis faltas serían mucho menos costosas si adquiría valores con precios elevados.

Aunque veía que el mercado se allanaba cada vez más, sabía que no lo haría siempre. Antes o temprano los valores comenzarían a subir. Siempre lo habían hecho. A los mercados bajistas siempre les persigue un mercado alcista. El arte refinado residía en vigilar las primeras señales, afirmarse de que fueran reales y comprar antes de que nadie más lo notara y los precios comenzaran a subir demasiado. Mi mente se encumbró a la batalla de Waterloo. En esta famosa batalla, Rothschild tenía un espía que tan pronto el triunfo fue definitivo, corrió a Londres a contarle. Empezó a adquirir el máximo número de acciones del estado británico antes de que se diera a conocer la noticia. Por supuesto, cuando se hizo, las acciones se proyectaron y Rothschild vendió con un beneficio formidable. El principio sigue siendo el mismo hoy día en Wall Street. Aunque los medios de comunicación son más vertiginosos, las artes antiguas siguen siendo las mismas: ser más rápido que los demás.

Ésa era la situación para la que me había estado adiestrando durante cinco años. Sabía que había asimilado mucho: el periodo canadiense me había enseñado a no jugar; el tiempo fundamentalista me dio a conocer los conjuntos industriales y sus tendencias de beneficios; el periodo técnico me enseñó cómo descifrar la actuación de los precios y la situación técnica de los valores, y ahora me fortifiqué reuniéndolo todo. Era como la salida a un insidioso rompecabezas en el que finalmente las piezas se concuerdan de maravilla en su lugar. Estaba seguro de que en el futuro se manifestaría el éxito de éste procedimiento. Me sentí tranquilo y seguro mientras esperaba la subida de la marea del mercado. Tras unos pocos meses, empezó a suceder lo que esperaba. Leyendo el Barron's, noté que, mientras los índices mostraban todavía el mismo declive que meses anteriores, unos pocos valores comenzaban a elevar cabeza de manera tan gradual casi como un capullo de primavera en un día de invierno en el que ya uno se preguntaba si estos tiernos brotes sobrevivirían o si una helada los lapidaría. Pero al observar este lento despertar, empecé a sentir el final del mercado bajista, al menos para ciertos valores. Sin embargo, recelaba que los líderes del mercado anterior no retornarían a serlo de nuevo. Seguro que habían cumplido su papel en la historia y en ese instante no lograrían el mismo ritmo vertiginoso que había supuesto tanto dinero a los inversionistas que les habían seguido. Debía encontrar nuevos. Más tarde se manifestó que esto era correcto ya que escondidos entre las cotizaciones del mercado habían estado durante este tiempo algunos valores que al parecer a nadie motivaban interés alguno. En esa época, noviembre de 1957, tampoco a mí me interesaban. Apenas había oído hablar de:

UNIVERSAL PRODUCTS   cotizado a 20
THIOKOL CHEMICAL   cotizado a 64
TEXAS INSTRUMENTS   cotizado a 23
ZENITH RADIO   cotizado a 1 16
FAIRCHILD CAMERA   cotizado a 19

Estos valores no estaban muertos, sólo que dormían el sueño satisfactorio del que va a nacer. Estaban consignados a despertar un día cercano. Iban a saltar al nuevo liderazgo del mercado. Me iban a proporcionar 2.000.000 $.

CAPITULO SIETE
LA TEORÍA COMIENZA A FUNCIONAR

Mientras que la mayoría de los valores de Wall Street se oscilaban o caían, continué mi gira de baile mundial. En noviembre de 1957 actuaba en el "Arc En Ciel" de Saigón cuando vi en el Barron's un valor inexplorado llamado LORILLARD. Entonces no sabía que eran los fabricantes de una marca determinada de filtros de cigarros y que la moda de los filtros estaba a punto de arrasar América, produciendo un salto astronómico a su elaboración. Allí, en Saigón, lo único que escuché fue que LORILLARD empezaba a brotar como una baliza en un pantano de valores arruinados y que, a pesar del pésimo mercado, subió a 17 hasta que, en la primera semana de octubre, se instituyó en la pequeña cajita **24/27**. Su volumen esa semana fue de 126.700 acciones, que contrastaban enormemente con sus 10.000 acciones habituales a principios de año.

El constante acrecentamiento de precio y el alto nivel de volumen me mostraban que había un interés enorme en este valor. Con respecto a sus cimientos, me alegró revelar la gran admisión de sus cigarros "Kent" y "Old Gold y decidí que si exponían señales de subir por encima de 27, lo compraría. Pedí a mi agente de bolsa que me remitiera telegramas con las cotizaciones diarias. Pronto estas cotizaciones demostraron que ciertas personas entendidas pretendían hacerse con este valor a pesar del estado general del mercado. Poca gente en ese instante tenía el más leve indicio de que LORILLARD iba a hacer historia en Wall Street, que iba a arrojarse hasta una altura sorprendente en un período de tiempo comparativamente corto, observado por la asombrada y jadeante comunidad financiera.

Estábamos en el minuto más bajo del mercado bajista recién nacido y la atmósfera era bastante desagradable. Sin embargo, como inalterable por el pesimismo general, LORILLARD saltaba contentamente de un lado a otro de su pequeña jaula. A mediados de noviembre de 1957 se hizo incluso más autónomo y empezó a empujar hacia arriba, hacia lo que yo calculaba la caja **27/32**. Esta fuerza cercada frente a la extenuación general me impresionó mucho y sentí que ya había tenido bastantes pruebas de su fuerza, así que me hice alcista en el mercado bajista. Despaché el siguiente telegrama desde Bangkok:

"COMPRA 200 LORILLARD 27 $^{1/2}$ STOP 26 PERDIDA LIMITADA".

Como se puede ver, aunque me sentía muy seguro en el cómputo tras la fusión de los puntos de vista técnico y esencial, ni por un momento pensé en dejar mi arma defensiva primordial: la orden de pérdida limitada. Por muy bien que esté construida tu casa, nunca dejarías de asegurarla contra incendios.

En unos pocos días, recibí la ratificación de que había comprado 200 LORILLARD a 27 $^{1/2}$. Orgulloso por mi compra, me preparé para una gran subida. Llegó, pero no de la manera en que la había sospechado. Mi primera experiencia fue descorazonadora. El martes 26 de noviembre, el valor volvió a caer justo hasta mi pérdida limitada de 26 por lo que fue vendido. Por si fuera poco, segundos después de haberme deshecho de él comenzó a remontar acercándose a 26 $^{3/4}$.

Sin embargo, la reacción fue tan corta y la subida que siguió tan estable que decidí volver a él. Esa misma semana volví a adquirir acciones a 28 $^{3/4}$. De nuevo instituí la pérdida limitada a 26. Pero esta vez, el comportamiento de LORILLARD fue perfecto. A medida que pasaban los días, me consentía ver que las cotizaciones nunca se aproximaban a mi pérdida limitada, firme sospecha de que estaba sobre la pista correcta y de que mi hipótesis se aplicaba a este valor. Parecía que iba perfecto. En diciembre de 1957, LORILLARD subió por sobre de 30 y creó una nueva caja, **31/35** Mis prácticas con movimientos de valores similares en el pasado me indicaban que iba a crecer. Sentí que poseía el valor perfecto. Ahora sólo era cuestión de envolverse con más dinero en el instante adecuado. Patrullaba con prolijidad las cotizaciones diarias, buscando el momento adecuado igual que un luchador investiga una oportunidad para tirar el golpe. Hacia finales de enero, tras un movimiento en vano, la gran onda que había estado esperando llegó: LORILLARD comenzó a moverse con disposición fuera de su caja.

Parecía el momento perfecto. Todo era tranquilizador: la acción técnica, los fundamentos, el criterio. Además, la Bolsa de valores de Nueva York acababa de bajar los requisitos de márgenes desde el 70% al 50%, lo que simbolizaba que mi capital limitado tenía entonces un poder de compra superior. Cada 1.000 $ podía adquirir un valor valorado en 2.000 $, hecho de gran valor para mí ya que precisaba fondos para otro valor que vigilaba en ese tiempo.
Volé de Bangkok a Japón. Desde allí remití un telegrama para acrecentar a mis pertenencias 400 acciones más, compradas a 35 y 36 $^{1/2}$.

Durante las semanas subsiguientes, el comportamiento del valor siguió siendo íntegro y resultaba conmovedor ver cómo se reclamaba mi teoría en la práctica. Mientras yo viajaba danzando alrededor del mundo, LORILLARD danzaba sin cesar en su caja. Seguiría así durante un cierto ciclo de tiempo y luego, con un coraje impecable, casi predecible, se deslizó a la caja superior. Las cajas de LORILLARD empezaron a apilarse una sobre otra como una pirámide de organización perfecta. Las observaba fascinado. No había visto nunca un valor comportándose de esta manera tan perfecta. Operaba como si mi teoría se hubiera creado a partir de él.

El 17 de febrero de 1958, LORILLARD repercutió hasta 44 $^{3/8}$.
Dos días más tarde, orgulloso conmigo mismo y con el valor, recibí un telegrama en Tokio que me espantó.

En un simple día el valor había caído a un nivel de 36 $^{3/4}$ y cerró a 37 $^{3/4}$.
Estaba perturbado porque este movimiento había sido totalmente inesperado. No podía exponerlo. Ágilmente telegrafié a Nueva York y subí mi pérdida límite a 36, menos de 2 puntos por debajo del costo de cierre del día. Pensé que si caía a ese número, se me traspasaría y aun así lograría un buen beneficio de mi primera compra.

Estando en Tokio me fue inadmisible estar al tanto los rumores de Wall Street que habían hecho bajar al valor ese día. Lo único que sabía era que había actuado de modo terrible. Más tarde descubrí que había surgido un artículo avisando que los filtros no eran tan eficaces contra el cáncer de pulmón como se había asegurado y esto fue lo que causó el pánico a la gente, dejando así el valor.

Favorablemente, el contratiempo duró poco, mi desventaja limitada no saltó y me convencí del poder del valor por lo que decidí adquirir 400 acciones más a 38 $^{5/8}$. Casi de inmediato dejamos este precio atrás y las cotizaciones pasaron a 39 $^{3/4}$ – 40 $^{1/4}$ - 42.

Estaba contento. Me sentía como si hubiera sido socio de un hallazgo inmensamente nuevo. Sentía como si yo hubiera planeado todo. En este momento recibí, gracias a mi agente, publicaciones trisemanales de un servicio de consulta muy célebre. Semana tras semana el servicio instaba potentemente a los suscriptores a que vendieran LORILLARD cuanto antes. La tercera recomendación era la siguiente:

"Es obvio que Lorillard se hallaba bajo una distribución de 44 la semana pasada tras decirles que comenzaron a vender".

Esto me sorprendió, pero ya hacía mucho que los servicios de consejo me habían desilusionado, así que no le presté atención.

En cambio, recomendé Lorillard a todo turista americano que aludía el mercado de valores. La verdad es que trataba de ser útil. De hecho, puedo describir mejor mi entusiasmo con lo que ocurrió un día en el Erawan Hotel de Bangkok. Una tarde, mientras almorzaba, me mostraron al presidente de una de las sociedades navieras más grandes de América.

Durante nuestra plática, aludió que sus pertenencias en el mercado de valores remontaban a 3.000.000 $, distribuidas de la siguiente forma:

2.500.000 $ valorados en STANDARD OIL (NUEVA JERSEY)
500.000 $ valorados en LORILLARD

"¿Qué le parece?" inquirió. ¿Que qué me parecía? Pues no podía haber consultado a nadie mejor.

De inmediato le dije que vendiera todas sus capitales de JERSEY STANDARD y que pasara sus fondos a LORILLARD, al menos, eso es lo que yo habría dispuesto. Un año más tarde me topé con él en una fiesta de Nueva York y LORILLARD estaba por entonces sobre 80. "¿Cuál es tu actual consejo en el mercado de valores?" me preguntó. "¿Consejo?", dije. Me quedé estupefacto. "¿No fue bastante el consejo de 3.000.000 que te di en Bangkok?" "Lo habría sido" dijo "si le hubiera hecho caso".

En la tercera semana de marzo de 1958, LORILLARD entró con un impulso hacia arriba mucho más determinado incluso. Saltó 4 $^{1/8}$ puntos en una semana, su volumen aumentó extraordinariamente a 316.600 y se estableció concluyentemente en la caja **50/54**.

 Durante la segunda semana de abril, LORILLARD dejó esta nueva caja y dio un impulso a un nuevo nivel de 55 $^{1/4}$ aunque de inmediato volvió a caer a la caja anterior de **50/54**. Como yo no vislumbraba ninguna otra compra, no me fastidió demasiado. Sin embargo, y por cautela, subí la pérdida limitada a 49.
También dudé por un momento, a punto de vender, pero decidí que no. Por entonces ya había adiestrado mi paciencia y, aunque podría haber logrado un beneficio fácil de 20 $ por acción de mi primera compra, me volví a sentar con la audacia de no quedarme con un beneficio tan rápido.

Mis cifras de costo por LORILLARD fueron:

200 acciones a 28$^{3/4}$	5.808,76 $
200 acciones a 35	7.065,00 $
200 acciones a 36½	7.366,50 $
400 acciones a 38$^{5/8}$	15.587.24 $

Total 1.000 acciones	35.82750 $

Las tres últimas adquisiciones tuvieron un margen del 50% lo que me facilitó conservar el resto de mi capital para una inversión ulterior, que resultó ser un valor llamado DINERS' CLUB. Me interesé por él la primera vez, a final de año, cuando aún luchaba con LORILLARD.

DINERS' CLUB se acababa de seccionar en un 2 por 1 y en la Última semana de enero de 1958 su volumen semanal se recargó a 23.400, alto para este valor. Ya que este acrecentamiento de volumen venía acompañado de un aumento de precio, decidí evidenciar los cimientos del valor. Resultaron ser alentadores. La compañía era casi un monopolio en un campo en expansión. El método de tarjetas de crédito, en el que eran los pioneros, estaba sólidamente establecido. Los ingresos de la compañía seguían una propensión ascendente concretada y, con estos factores en mente, compré 500 acciones a 24 $^{1/2}$ con una pérdida limitada a 21 $^{5/8}$.

Ahora la materia era qué orientación tomaría el valor. Mi primera compra de LORILLARD ya me había pretendido beneficios que, si ocurría lo peor, perdería con DINERS' CLUB. Pero no fue así, porque unos días después de mi adquisición el valor empezó a remontar. Para ser fiel a mi teoría, compré seguidamente otras 500 acciones a 26 $^{1/8}$. En ambas compras había sacado utilidad del nuevo margen del 50%.

Las pautas se desplegaron a la perfección: primero una caja de **28/30** y luego de **32/36**. La última penetración se vio conducida por un volumen de 52.600 acciones por semana, el punto más alto de cualquier volumen semanal en la historia de los valores recién fraccionados. Cuando vi que se amontonaban mis beneficios, ni por un momento relegué mover el seguro de pérdida limitada. Primero lo subí a 27 y después a 31. En la cuarta semana de marzo, el valor entró en una nueva caja 36$^{1/2}$ $^{/}$40 y pareció instituirse allí. Resumí mi situación en DINERS' CLUB. Había comprado:

500 acciones a 24½	$12,353.15
500 acciones a 26⅛	$13,167.65
--------------------	--------------------
Total 1,000 acciones	$25,520.80

Ya tenía un beneficio de más de 10.000 $ y, aun así, según mi hipótesis, tenía que guardarlo porque el valor se comportaba como si fuera a subir inclusive más. Todos los indicios lo marcaban.

Pero, de repente, mis telegramas comenzaron a cambiar. Era difícil concebir por qué, pero comencé a sentirme incómodo. Parecía que el valor había degenerado su deseo de subir, parecía como si la última pirámide estuviera a punto de alterarse, parecía estar casi preparada para derrumbarse. De manera que, para no verme alcanzado en un derrumbamiento, decidí remontar la pérdida limitada al angosto margen de 36 $^{3/8}$, algo inusitado en mí.

Durante la cuarta semana de abril, tuvo lugar el suceso en contra del cual me había asegurado. DINERS' CLUB cruzó el límite inferior de su caja y vendí. Recibí 35.848,85 $, con un beneficio total de 10.328,05 $. Por primera vez, sentado en mi habitación del Hotel Imperial de Tokio con un telegrama en la mano que indicaba que había logrado un beneficio de 10.000 $, sentí que todos mis estudios y ansiedades de los años anteriores habían merecido la pena. Comenzaba a salir ganando. Seis semanas más tarde, recibí un informe que, de alguna manera, me hizo sentir más optimista que los 10.000 $ ya que corroboraba por completo el lado técnico de mi método. Se anunció de carácter oficial que American Express había decidido competir con Diners' Club, motivo que exponía la duda del valor cuando estaba por el 36. Algunos lo supieron antes de que se anunciara y vendieron. Sin saberlo, me había convertido en su socio.

En el Oriente Próximo, no pude dar cuenta de la organización de una competencia y aun así el lado técnico de mi sistema cimentado en la actuación del precio me había sugerido que me desbaratara de él. Durante todo el tiempo que invertí en LORILLARD y DINERS' CLUB, no dejé de seguir las evaluaciones de otros valores en el Barron's, que me mostró un progresivo interés por un valor llamado E. L. BRUCE, una pequeña firma de Memphis. Su valor estaba apreciado en la Bolsa de Valores de América. Tras un estudio minucioso, supe que la compañía se dedicaba a revestimientos para suelos de madera dura. En realidad, no le convenía a mis requisitos esenciales, pero el criterio técnico era tan terminante que no podía quitarle la vista de encima. Lo que más me sorprendió fue el movimiento de E. L. BRUCE por Wall Street. Habitualmente operaba con 5.000 acciones a la semana, hasta que de repente se avivó y empezó a moverse. En la segunda semana de abril de 1958, su volumen remontó a la asombrosa cantidad de 19.100 acciones y de ahí en adelante el volumen semanal fue escalando a 41.500 - 54.200 - 76.500 acciones, con el precio brincando de 5 a 8 puntos semanalmente y sin el más mínimo asomo de una reacción descendente. BRUCE pasó de 18, en febrero, a 50, a principios de mayo. Sólo entonces llegó su primera reacción que le restituyó a 43 $^{1/2}$. Por supuesto, no podía estar seguro, pero esta reacción me pareció un salto estacional, un repostaje, y creí que iba a seguir subiendo. Traté de encontrar razones fundamentales pero sin éxito. Aun así, el volumen seguía allí, la acción del precio seguía allí, el ritmo de ascenso seguía allí. Empecé a sentirme como un hombre sentado en un teatro a oscuras aguardando que se levante el telón para que se inicie un thriller. Hora tras hora, en el vuelo de Tokio a Calcuta, le di vueltas en la cabeza a las evaluaciones de BRUCE. Tenía un ámbito más ancho y más libre que la mayoría de los valores, pero no podía fundarlo en un marco determinado. Volando sobre el Océano índico, decidí hacer una excepción. Con fondos o sin ellos, si sobrepasaba los 50, lo compraría, compraría mucho. Pero precisaba dinero. La venta de DINERS' CLUB había lanzado mis fondos pero no lo suficiente. Podría haber consumido mis ahorros, pero después del hundimiento de JONES & LAUGHLIN había resuelto no arriesgar de nuevo más dinero del que pudiera permitirme perder sin desmantelarme. Como resultado, nunca volvería a tomar nada de mis ingresos del negocio del espectáculo para el capital del mercado.

La Única eventualidad que me quedaba era echarle un buen atisbo a mi viejo amigo LORILLARD para ver si seguía sobrellevándose igual de bien. No fue así. Sus penetraciones no eran definitivas, incluso sus reacciones eran más fuertes, por lo que resolví retirar el dinero de LORILLARD y disponerme para invertirlo en BRUCE. Vendí mis 1.000 acciones la segunda semana de mayo por un precio promedio de 57 $^{3/8}$. El precio total de la venta fue de 56.880,45 y el beneficio de la transacción fue de 21.052,95 $. Junto con los 10.000 $que había logrado con DINERS'CLUB, en cinco meses casi había duplicado mi capital. Me sentí orgulloso y feliz y preparado, como un cazador de gigantes, a maniobrar con un valor poderoso e inadvertido como BRUCE. Me preparé de manera exclusiva para esta lucha. Llegué a la conclusión, después de la transacción de LORILLARD, de que mi sistema marchaba tan bien que no quería confiarlo en manos de ninguna empresa. Creía que si alguien alcanzaba mis operaciones, me resultaría más dificultoso, por lo que llamé a Nueva York y abrí cuentas con otras dos empresas de corretaje. La tercera semana de mayo de 1958, telegrafié a Nueva York para comprar 500 BRUCE a 50 $^{3/4}$ con una orden automática de stop de compra y instituí la pérdida limitada a 48.

Durante los días siguientes el valor se sobrellevó tan bien que decidí sacar total provecho de las circunstancias existentes en el margen del 50 %. Como veía que la pérdida limitada no se provocaba, procedí con más compras, cada una de las cuales estaba protegida por una pérdida limitada entre 47 y 48. Me hice a la idea de que si lo disipaba, sólo habría sido el beneficio de DINERS' CLUB.
Estos son los detalles de mis compras:

500 acciones a 50¾	$25,510.95
500 acciones a 51⅛	$25,698.90
500 acciones a 51¾	$26,012.20
500 acciones a 52¾	$26,513.45
500 acciones a 53⅝	$26,952.05

Total 2.500 acciones	$130,687.55

El ritmo era el correcto. E. L. BRUCE principiaba a subir realmente como si lo arrastrara un imán. A medida que lo percibía, me sorprendía más de la forma en que se elevaba. Fue espectacular. Sencillamente, me sentaba en Calcuta mirando las cotizaciones diarias. Pronto me anunciaron que el valor había se acrecentado pasando 60. Después de una leve fluctuación, de repente se lanzó de nuevo. El 13 de junio, había ascendido a 77.

Inclusive desde la remota India era obvio que algo ilusorio ocurría en la Bolsa de valores americana. Tuve que librar una dura ofensiva conmigo mismo para no llamar a Nueva York y enterarme de qué estaba pasando. No, me dije a mí mismo a punto de convocar a mis agentes de bolsa, sólo son rumores y sólo lograrías hacer alguna tontería.
Nunca se había subordinado a tan dura prueba la osadía y paciencia de ningún hombre como aquella vez, cuando me asenté en el Grand Hotel de Calcuta, preguntándome qué pasaba en Wall Street.

Tras varios días y después de varias uñas mordidas, mi paciencia pasó a ser pánico cuando cogí una llamada de Nueva York. Era uno de mis agentes, que casi me provoca un infarto. Dijo: "Han eliminado las operaciones de BRUCE en la Bolsa de valores americana". Casi dejé caer el teléfono cuando lo escuché Estaba aterrado. Transacciones canceladas en el valor de BRUCE! Tenía más de 60.000 $, todo mi capital, invertido ahí.
¿Representaba eso que había perdido mi dinero? Con bastante problema logré centralizarme y escuchar, aunque transitaron muchos minutos antes de que me recobrara lo bastante para oír lo que tenía que decirme. Como me estaba sobrellevando igual que un enajenado, tardé mucho en darme cuenta de que, lejos de estar en quiebra, ahora podría vender BRUCE por 100 $ la acción en el mercado extrabursátil. Estaba totalmente confundido. ¡A 100 $ la acción! ¿Qué simbolizaba esto? Temblaba mientras me narraba esta historia por teléfono desde Nueva York a Calcuta.

Algunos operadores de Wall Street, asentando su punto de vista en un rumbo puramente esencial, habían decidido que el valor de la acción en movimiento e ingresos de BRUCE enseñaban que el precio del valor no debería estar a más de 30 $ la acción. Invariablemente, habían empezado a ofrecer el valor corto entre 45 y 50, seguros de que podrían perfeccionar la ganga adquiriéndolo de nuevo a un precio mucho más cerca a 30. Cometieron un grave tropezón porque había un factor que no sabían. Un fabricante de Nueva York llamado Edward Gilbert trataba de suplantar a la familia Bruce del control de la compañía. Él y sus socios pretendían conseguir la mayoría de las 314.600 acciones en circulación que tenía la familia Bruce. Este movimiento fue el que lanzó los precios. El volumen fue espantoso y se operó con más de 275.000 acciones de Bruce durante un periodo de diez semanas.

Los vendedores en corto que habían juzgado mal el mercado se incitaron unos a otros para lanzar el valor a alturas aceleradas en sus esfuerzos exasperados por comprarlo. El incomprensible subidón del valor les cogió inadvertidos, no pudiendo comprar las acciones a ningún precio para consumar con sus compromisos de retorno. Posteriormente, como era improbable afirmar un mercado ordenado debido a las transacciones delirantes que se estaban llevando a cabo, la Bolsa de valores americana suspendió las operaciones.

Pero esto no importaba a los vendedores en corto, que aún tenían que obtener el valor y que contribuirían cualquier precio extrabursátil por BRUCE. Oí atolondrado todo esto. Mi agente de bolsa me preguntó si ya que el precio por acción en el mercado extrabursátil estaba ahora a 100, le daba ordenanzas de vender a ese precio. Me acordé de los telegramas diarios y cómo en mi cabeza habían hecho que me pintara un cuadro sorprendente de BRUCE.

Recordé la temible experiencia que había vivido al armarme de valor para no llamar e informarme de qué estaba aconteciendo, ya que esta acción se podría catalogar bajo el título de "rumores" que me había comprometido no escuchar nunca más.

Recordé cómo me aguanté mientras las cotizaciones diarias me revelaban un adelanto ascendente impresionante de BRUCE sin saber qué pasaba. ¿Debería guardarlo aún así? Me afrontaba a una decisión muy difícil. Me habían ofrecido un gran beneficio muy seductor, Mientras conversaba con mi agente sentí un fuerte impulso de transferir el valor. Después de todo, venderlo a 100 simbolizaría una gran fortuna. Reflexioné aplicadamente a la vez que oía y después hice una de las decisiones más notables de mi vida. Dije: "No, seguiré conservándolo".
Y así hice. Era una gran decisión, una difícil medida, pero salió intachablemente bien. Varias veces a lo largo de las subsiguientes semanas recibí llamadas de teléfono inminentes de mis agentes de bolsa comunicándome de ofertas de compra de mis acciones cada vez mayores en distintos territorios de EEUU. Fui vendiendo mi valor poco a poco en el mercado extrabursátil en paquetes de 100 y 200 acciones, por un promedio de 171. En verdad, fue mi primer gran negocio en el mercado.

Conseguí 295.305,45 $ de beneficios con esta maniobra. Fue un instante formidable para mí. Estaba tan contento que no sabía qué camino coger. Narré mi historia a todo el mundo que quiso atenderme y les enseñé mis telegramas. La única reacción fue: "¿Quién te dio el chivatazo?"Traté de exponer que nadie me lo había dado, sino que lo había logrado por mí mismo y por esa razón me sentía tan radiante y excitado.

Nadie me creyó. Estoy seguro de que mis amigos de Calcuta todavía opinan que fue el mismísimo señor Gilbert quien me lo confesó todo.

CAPÍTULO OCHO

MI PRIMER MEDIO MILLÓN

El éxito pesado de mis operaciones con E.L.BRUCE me debería haber hecho más inquieto y menos sensato, pero, por el contrario, me hizo más prudente. Había ganado más de 325.000 $ en una inversión de nueve meses y establecí no derrocharlo por un movimiento en falso. Muchos operadores han ganado grandes cuantías de dinero y lo derrocharon en nueve semanas. Pero resolví que eso no me sucedería a mí. El primer paso que di fue descartar la mitad de mis beneficios del mercado. En cuanto al dinero que permanecía, vigilé el mercado con reserva, investigando nuevos posibles valores que se comportaran adecuadamente. Como tantas veces tras un golpe experto, tuve poco éxito durante el primer o los dos primeros meses siguientes.

Con prudencia compré 500 acciones de MOLYBDENUM, a 27 y pagando 13.606,25 $. Casi al instante se vendieron a 26 $^{1/2}$, por 13.123,78 $. Probé con HAVEG INDUSTRIES. Compré 500 acciones a 31 $^{3/8}$, pagando 15.860,95 $. Pero pegó un giro y pareció que iba a caer por debajo de 30, así que vendí a 30 $^{1/2}$ por 15.056,94 $.

Luego, como no veía nada atrayente, me arriesgué de nuevo con LORILLARD. Este valor, que una vez se conservó a salvo en el mercado bajista como un árbol en el desierto, se había convertido ahora en un señor mayor algo cansado y lento de movimientos. Pero presumo que sentía un afecto especial por él porque me había funcionado muy bien la primera vez. No pude abandonarlo durante un buen tiempo. Se convirtió en mi "mascota" americana. Era una forma totalmente errada pero no podía evitarlo. Tres veces adquirí en él porque pensé que treparía a la caja superior. Tres veces vendí porque la nueva caja no se realizó. Así fue cómo se ejecutó la operación LORILLARD:

1,000 acciones

Comprado a 70.5 (70,960.50)

Vendido a 67⅞   ($67,369.74)

      Pérdida $3,590.76

500 acciones

Comprado a 69⅛   ($34,792.05)

Vendido a 67¾   ($33,622.42)

Pérdida $1,169.63

1,000 acciones

Comprado a 67¾   ($68,207.80)

Vendido at 67   ($66,495.66)

Pérdida $1,712.14

Así fue. La tercera pérdida acabó posteriormente con el cariño exclusivo que le tenia y 70 10 volví a comprar. Me di cuenta de que, ahora que LORILLARD se movía a un paso ocioso, era innegable que este valor no estaba hecho para mí. Tras retirarme de LORILLARD, me volví a sentar y tasé mi situación global. Ésta era de la siguiente forma:

	Beneficios	Pérdidas
LORILLARD	$23,052.95	$6,472.53
DINERS' CLUB	$10,328.05	
E. L. BRUCE	$295,305.45	
MOLYBDENUM		$482.47
HAVEG INDUSTRIES		$804.01
	$326,686.45	$7,759.01

El beneficio global era de 318.927,44 $.

Durante el tiempo que estuve adquiriendo y vendiendo LORILLARD, continué buscando valores que se concertaran a mi teoría. Un factor significativo que me incitaba a una búsqueda más recóndita fue que el mercado general empezaba a fortificarse. Como sentía que esta potencia se hacía cada vez más articulada, quise sacar total ventaja formándome con un valor capacitado tan pronto como fuera posible.

Entre los valores que se establecieron en mi mente se encontraba una pequeña compañía desconocida llamada UNIVERSAL PRODUCTS. Se cotizaba a 35, subiendo y bajando de 35 ⅞ a 33 ½. Descubrí que era una sociedad de electrónica y, por tanto, la consideré cualificada según mi teoría tecno-fundamentalista.

En julio de 1958, estando aún en Calcuta, pedí a Nueva York las evaluaciones diarias. Lo que me contaron fue muy satisfactorio. Sin embargo, mis nacientes pérdidas en LORILLARD me conmemoraron que podía errar el tiro varias veces seguidas y quería actuar muy sensatamente. Pensé que podría estar más concerniente con los movimientos de los valores si tuviera alguno de ellos, por lo que decidí efectuar una compra piloto. Envié el telegrama siguiente:

"COMPRAR 300 UNIVERSAL PRODUCTS A 35 ¼ O MÁS"

Al día siguiente, cuando recibí el mensaje de que había comprado las 300 acciones de UNIVERSAL PRODUCTS a 35¼, mandé otro telegrama:

"PÉRDIDA LIMITADA A 32 ½"

Ahora no me quedaba nada que hacer salvo asentarme, prestar atención y esperar el movimiento siguiente. En esta época, recorría de un lado a otro por La India de manera muy habitual, pero las evaluaciones por cable de UNIVERSAL PRODUCTS me seguían a todas partes. La tercera semana de agosto de 1958, estaba en Srinagar, Cachemira, cuando me di cuenta de que el valor comenzaba a recuperarse. Mandé otro telegrama:

"COMPRAR 1.200 UNIVERSAL PRODUCTS 36 ½ STOP 33 PÉRDIDA LIMITADA"

Cuando volví al Imperial Hotel de Nueva Delhi recibí el aviso:

"COMPRADO 1.200 U 36 ½ STOP U 36 ¾ (37 ⅞ - 35 ⅜) ETC"

Simbolizaba que había adquirido el valor a 36 ½ con cierre de 36 ¾. Mientras no se adelantara de forma decisiva al precio de compra, se cerraría por encima de él. La cuestión ahora era: ¿Continuará acrecentando mi valor o volverá a su caja anterior? Estaba bastante avivado. Aunque ya había establecido el límite de mi posible pérdida final, ahora sólo era asunto de que mis cálculos fueran los correctos o no. A duras penas pude sobrellevar la espera del telegrama del día siguiente. Cuando llegó posteriormente, me mostró que UNIVERSAL PRODUCTS había cerrado a 38 ⅛, con una fluctuación durante el día entre 38 ¾ - 37 ½, lo que significaba que había atinado, al menos hasta entonces.

Durante los días siguientes, el valor prolongó su ascenso y, cuando estuve en Cachemire compré otras 1.500 acciones a 40. Poco después, UNIVERSAL PRODUCTS se cambió el nombre por UNIVERSAL CONTROLS y se fraccionó en 2 por 1. Su actuación continuaba siendo buena pero tras mi última obtención decidí que tenía más UNIVERSAL CONTROLS de lo que podía aguantar.

Esta era mi realidad exacta: (los precios de esta tabla y de las tablas siguientes son promedios)

Compra de piloto de 300 a 35 ¼		$10,644.93
1,200 at 36 ½		$44,083.56
1,500 at 40		$60,585.00
Total 3.000 acciones		$ 115.31 3,49

Esto supuso 6.000 acciones del valor recién fraccionado. Entonces me senté y lo conservé mientras el valor empezaba a dispararse. A principios de diciembre, como veía que UNIVERSAL CONTROLS se sobrellevaba de forma adecuada, le encomendé el valor a mi secretario. Le dije que lo comprara a 31 ¾. Dije: "Si baja a 30, vende; si es al revés, guárdalo hasta que suba. Si tienes alguna pérdida, yo te la pagaré".

 Pero ocurría que su padre era un puro fundamentalista pasado de moda y cuando escuchó lo que le había propuesto, le dijo a su hijo que no fuera tan tonto. Su argumento fue: ¿Para qué vas a adquirir un valor si puede bajar? Especulaba que sólo se debía comprar un valor cuya subida fuera indudable, como si alguien pudiera estar seguro. También dijo que quería inspeccionar los libros de la compañía para ver si ésta estaba en buena situación. Mi secretario persiguió el consejo de su padre. No invirtió dinero, sino que esperó a que el anciano estudiara escrupulosamente los libros. Mientras estaba abstraído en esta tarea, el valor subió a 50.

A la vez que UNIVERSAL CONTROLS, yo patrullaba otro valor cuya actuación me estaba molestando. THIOKOL CHEMICAL. La primera vez que atrajo mi atención fue en febrero de 1958, cuando estaba en Tokio. Se acababa de fraccionar en 2 por 1 y fue objeto de enérgicas transacciones antes de que se instituyera en la caja **39/47** donde se conservó sereno durante varios meses. Lo inspeccionaba en el Barron's de forma regular y esta zona de sosiego parecía un estanque en un día de verano. Pero, de algún modo, sentía que era la tranquilidad que precede a una tempestad.

En marzo , telegrafié a Nueva York:

"COTIZACIÓN THIOKOC'

Las cotizaciones llegaron como era de esperar, pero, salvo por unas pocas semanas de transitorio chaparrón en abril, no pasó nada notable. Tras varias semanas, mandé el siguiente telegrama desde Hong Kong:

"PARAR COTIZACIONES THIOKOL EMPEZAR DE NUEVO SI SUPERA 45"

Computé que si alcanzaba de nuevo el marco superior de su caja, sería el momento De vigilarlo otra vez. En la primera semana de agosto las cotizaciones de THIOKOI reaparecieron en los telegramas. Sobre 45 simbolizaba que estaba flexionando los músculos para un salto hacia arriba por lo que me resolví por una compra piloto. Envié un telegrama:

"COMPRAR 200 THIOKOL 47 ¼"

La orden se hizo a este precio por un coste de 9.535,26 $. Después de eso, a THIOKOL le hicieron falta tres semanas para hallar su verdadera dinámica. A finales de agosto sentí que había llegado el minuto y telegrafié a Nueva York:

"COMPRAR 1.300 THIOKOL 49 ½ STOP.

La compra se hizo a 49 ⅝ el 2 de septiembre de 1958 con un coste de 65.408,72 $. Con mis 1.500 acciones vi cómo el valor subía ágilmente por encima de 50, operando en una fluctuación de 52 y 56. Una semana más tarde, recibí la reseña de que Thiokol había decidido hacer públicos los derechos de inscripción. Se daban como bonos a los autorizados del valor a razón de un derecho por acción. A su vez, con 12 de estos derechos podías adquirir una acción de THIOKOL al precio específico de   42 $. Como el valor se cotizaba a unos 50, resultaba incluso más rebajado si querías hacer uso de los derechos de inscripción. Si no, podías venderlos en la Bolsa de valores americana donde, durante un ciclo de tiempo, estarían cotizados y factibles.

Sin embargo, había otra característica significativa sobre estos derechos que los hacían muy atrayentes. Según las reglas de la bolsa de valores, si se utilizaban los derechos para adquirir el valor de la compañía, podías sacar ventaja de lo que ellos citaban como una "cuenta especial de suscripción". Cuando se ponían los derechos en esta cuenta, el agente de bolsa podía suministrar hasta el 75% del precio de mercado actual del valor. Además, no había cargos de cometido por la compra. Deseoso, me abalancé sobre esto. Era una oportunidad excelente para comprar una gran cantidad de valor a crédito.

Decidí sumergirme en esto con todos mis fondos disponibles y realicé un cómputo aproximado de mi situación. Así era como me encontraba:

Inversión original		36.000 $
Beneficios totales	(pérdidas deducidas)	319.000 $

	Total capital	355.000 $
	Efectivo retirado	160.000 $

	Libre de inversión	195.000 $

Compras mantenidas actualmente

3.000 UNIVERSAL PRODUCTS	115.300 $
1.500 THIOKOL	75.000 $
	190.300 $

70% efectivo bajo reglas de margen	133.000 $

Libre para inversión posterior	62.000 $

Pero ahora se había desplegado una situación curiosa. Al pretender hacer las operaciones con Nueva York, revelé que, a pesar de la medida que permitía un préstamo del 75% había una gran discrepancia entre los agentes de bolsa con respecto a la cuantía que podía solicitarles prestada en una cuenta especial de inscripción. Mientras que un agente estaba preparado sólo a dejar el 75% del precio de ganancia del valor, otro estaba dispuesto a adelantar el 75% consumado del precio de mercado del valor. Si THIOKOL se evaluaba a unos 55, la última de las propuestas trascendía una situación de crédito extraordinariamente atractiva y procedí a sacarle beneficio.

Adquirí 36.000 derechos a un precio medio de 15/16, por lo que pagué 49.410$, dándome derecho a comprar 3.000 THIOKOL a 42 por acción. Me costó 126.000 $, pero bajo la inscripción de derechos sólo tendría que completar 6.000 $ en efectivo. El resto del dinero me lo facilitó uno de mis agentes.

Este acuerdo parecía tan propicio que me instalé a sacar más provecho de estas circunstancias de crédito Únicas. Presumí que vendiendo mi parte original de 1.500 acciones de THIOKOL, podía comprar el doble de éstas bajo las reglas de inscripción especial. Vendí mi valor a un precio mediano de 53 ½. Me conjeturó un nuevo poder adquisitivo de 57.000 $ con lo que obtuve un segundo paquete de 36.000 derechos. Igual que en la operación anterior, los convertí en un segundo paquete de 3.000 acciones del valor de THIOKOL.

La operación fue la siguiente:

a.- Vendidas 1.500 acciones del valor THIOKOL;
b.- Obtenidos 36.000 derechos de THIOKOL, y con estos
c.- Obtenidas 3.000 acciones del valor de THIOKOL

El coste total por las 6.000 acciones fue de 350.820 $.

Entretanto la segunda semana de diciembre, THIOKOL cambió de la Bolsa de valores americana a la de Nueva York. De inmediato, subió 8 puntos y la semana siguiente palpaba los 100. Como seguía su movimiento ascendente, mi agente debió de ponerse alterado porque recibí un telegrama que decía:

"TUS BENEFICIOS DE THIOKOL AHORA 250.000 $

Me llegó cuando estaba en el Georges V Hotel de París. De repente, me di cuenta de que había estado tan atareado determinándome en las cotizaciones que casi había relegado que se iban amontonando las ganancias hipotéticas. Además de mis beneficios de BRUCE, ¡Ahora tenía un beneficio de más de medio millón de dólares! De hecho, era más capital del que nunca había conjeturado poseer. Sería rico el resto de mi vida. El discernimiento de que poseía todo este dinero me llegó de una manera asombrosamente súbita. Cada fibra de mi ser parecía indicarme: "Vende, vende". Era la mayor tentación del mundo. ¿Qué debía hacer? ¿Remontaría el valor todavía más, o debería tomar mis beneficios y salir corriendo? Quizás no subiera más, podía haber una recaída. Espantoso dilema, el viejo dilema de "cuándo vender" acrecentado aún más a causa de la gran cantidad de dinero en juego. Si forjara lo correcto, cambiaría toda mi vida. Si me equivocara, lo lloraría siempre. Me sentí muy sólo. Nadie en el mundo podía sugerirme sobre qué hacer en estas circunstancias por lo que resolví salir y tomarme algunas copas para asimilarlo. Antes de salir me senté en mi mesa y escribí en una pequeña tarjeta: "¡Acuérdate de Bruce!" pensé que me auxiliaría a conmemorar lo que había aprendido del pasado.

Vagando por París, me encontré manoseando esta pequeña tarjeta en el bolsillo. Cada vez que me veía a punto de ordenar un telegrama a mis agentes de bolsa indicándoles que vendieran THIOKOL, sacaba esta tarjeta, la miraba y titubeaba. Al final, decidí no vender. Era el mejor modelo de mi nueva habilidad de mercado, aunque no fuera sencillo hacerlo. Cuando llegué al hotel, estaba agotado. Debía parecer más un hombre a punto de matarse que alguien que acaba de lograr una pequeña fortuna. Varias semanas más tarde, en enero de 1959, volví a Nueva York. Cuando llegué al ldlewild Airport, poseía 6.000 THIOKOL y 6.000 UNIVERSAL CONTROLS. Ambos funcionaban cabalmente: THIOKOL estaba a 100 puntos mientras que UNIVERSAL CONTROLS había subido a 45.

En Nueva York, mi primera convocatoria fue con mis agentes de bolsa para conversar sobre las transacciones de Wall Street con ellos. Me dijeron que, según sus libros, mis inversiones habían producido más de medio millón de dólares. Me sentí entusiasmado, seguro, exitoso. Reservé una habitación para mí en el Plaza Hotel y resolví que durante mi estancia seguiría con mis transacciones en el mercado de valores desde un hospedaje cercano.

No sabía yo que me estaba arreglando para convertirme en un completo idiota. Durante las semanas subsiguientes estuve a punto de rozar la quiebra.

CAPÍTULO NUEVE
MI SEGUNDA CRISIS

La noticia del medio millón de dólares me proporcionó una gran seguridad en mí mismo. Tenía una idea muy clara de cómo lo había logrado y también estaba persuadido de que podría repetir la proeza de nuevo. Sin duda, había llegado a avasallar mi arte. Trabajar por medio de telegramas me había desplegado una especie de sexto sentido: podía "sentir" mis valores. No era muy disímil a la sensibilidad que desenvuelve un experto en música cuyo oído es capaz de descubrir una bemol inaudible para el resto de las personas normales.

Casi podía decir lo que harían los valores: si después de un ascenso de ocho puntos un valor volviera a caer cuatro, no me inquietaría sino que habría esperado que ocurriera así; si un valor comenzara a recuperarse, a menudo podía anunciar el día que comenzaría su ascenso. Era un sentido misterioso e inexplicable, pero mi cabeza no se inquiría el por qué; simplemente me daba una fantástica emoción de poder.

Como resultado, no es nada asombroso que poco a poco empezara a verme como un Napoleón de las finanzas. Me creía marchando a lo largo de una bella carretera, sin ser consciente de ningún peligro, sin saber que a mitad del camino aguardaba un gigante peligroso. Después de todo, cavilé para mí mismo con bastante vanidad, ¿Cuánta gente ha podido realizar lo que he hecho yo? Decidí consagrarme a los negocios de verdad. Si había podido captar medio millón, ¿Qué me iba a contener para ganar dos, tres o incluso cinco millones? Aunque el establecimiento mínimo de margen se había enaltecido recientemente al 90 por ciento, estaba sugestionado de que, utilizando los 160.000 $ que había reservado de los beneficios de BRUCE, podía sentar la base de una nueva fortuna. Así que me planteé comenzar fuerte con transacciones diarias en el momento adecuado, transacciones que dejarían en pañales a mis adquisiciones y ventas anteriores.

La verdad es que a medida que mi bolsillo se iba fortificando, mi cabeza iba debilitándose. Me sentía muy seguro de mí mismo y ése es el período mental más peligroso que puede desenvolver una persona en el mercado de valores. No tardé mucho en recibir la amarga enseñanza de que el mercado siempre sanciona a aquellos que piensan que pueden someterlo sin ser sensatos. Después de varios días en Nueva York, resolví instituir un contacto más directo con el mercado. Teniendo lo que yo consideraba un sistema a prueba de idiotas, creí que si me cambiaba más cerca del mercado nada me contendría para lograr una fortuna diaria. Por ello, preferí como escenario de mis futuros éxitos la oficina de uno de mis agentes de bolsa, en la zona elegante de la ciudad.

Estaba encantado con mi primera visita a la oficina. La sala de juntas era formidable, con sillas al frente de una pequeña pantalla de cesión telegráfica de cotizaciones que se movía todo el tiempo. El clima era apasionante, exaltado. La gente que había en la habitación, como parásitos en Monte Carlo, se mostraba frenética, exaltada. Se observaba un ambiente de acción, griterío, ruido. El tictac de las pantallas de transmisión telegráfica, el golpeteo de las máquinas de escribir, el teclear de las máquinas de telégrafos, el correteo deseoso de los empleados. Por todos lados se escuchaban frases como:"A mí no me parece bueno GOODYEAR", "Me voy a desbaratar de ANACONDA", "El mercado está a punto de una reacción". El primer día me sentí bastante inalterable por esta atmósfera rígida y eléctrica porque con el triunfo tras de mí me sentía superior a todas las angustias, esperanzas y miedos de esta gente tan rígida. Aunque esto no duró mucho. A medida que maniobraba, día tras día desde la sala de juntas, la apatía me fue dejando y me fui acoplando a ellos. Abrí mis oídos a la mezcla confusa de hechos, dictámenes y cotilleos; leí literatura sobre el mercado; también comencé a preguntar cosas cómo "¿Qué piensas del mercado?" o "¿Cómo sabes que eso es económico?".Todo esto me indujo un efecto mortal.

 En unos días de operaciones lancé por la borda todo lo que había asimilado durante seis años. Hacía todo lo que había dejado de hacer tras duro adiestramiento: hablaba con agentes de bolsa, atendía rumores, no me separaba nunca de la pantalla de transmisión telegráfica.

Era como si el demonio de "hazte rico ágilmente" se hubiera encargado de mí. Perdí por completo la apariencia que había ido creando de forma tan cuidadosa por medio de los telegramas. Poco a poco fui gobernando mis pasos por un camino a lo largo del cual empecé a desaprovechar mis habilidades.

Lo primero que me dejó fue el sexto sentido. Ya no "sentía" nada. Lo único que podía advertir era una jungla de valores que circulaban de arriba abajo sin ton ni son. Luego, se desvaneció mi independencia ya que de manera gradual fui abandonando mi sistema y adoptando la cualidad de otros. Lo único que sabía hacer era seguir a la muchedumbre. La razón me dejó solitario y la emoción se apoderó totalmente de mí.

Es más fácil comprender lo difícil que me resultó agarrarme a mi sistema si lo explico de esta forma: ¿Qué sucede si gritas "fuego" en un teatro colmado? La gente sale disparada a la salida, lapidándose, hiriéndose unos a otros. Un hombre que se está sofocando luchará, tratará de aferrar a su posible rescatador aplastándole quizás a él también. Son actitudes irrazonables y equivocadas impuestas por el sentido. Al perseguir a la multitud, comencé a operar así. En vez de ser un lobo solitario, me convertí en un cordero vago y excitado, pululando con otros a la espera de ser rapado. Me resultaba inadmisible decir "no" cuando todo el mundo cerca de mi decía "si". Me asustaba cuando ellos se espantaban y me hacía ilusiones cuando los demás se las hacían. Nunca, ni siquiera durante mi primer año de principiante, me había acaecido algo así. Derroché todas mis destrezas y mi control, todo lo que palpaba lo hacía mal.

Me comporté como un completo aficionado. El metódico sistema que yo había construido se destruyó ante mí. Todas las transacciones terminaban en catástrofe. Daba docenas de órdenes contrarias. Compré valores a 55, que volvían a 51, y seguía aguantando. ¿Pérdidas limitadas? Eso fue lo primero que desperdicié. ¿Paciencia? ¿Juicio? No tenía. ¿Cajas? Las relegué.

A medida que pasaban los días, el círculo vicioso de mis operaciones tenía esta apariencia:

COMPRÉ AL MÁXIMO
Tan pronto como compré
El valor empezó a caer

Me asusté

Y VENDI AL MINIMO
Tan pronto como vendí
El valor comenzó a subir

y lleno de avaricia
COMPRE AL MÁXIMO

Me desarrolle una frustración terrible y en vez de culpar a mi propia estupidez, inventé diferentes escusas para mis fracasos. Empecé a creer en "Ellos": "Ellos" me vendían caro; "Ellos" adquirían valores baratos por mí. Por supuesto, no podía exponerle a nadie quiénes eran, pero eso no me frenaba seguir creyendo en ellos.

Lidiar con "Ellos", esos fantasmas grises al fondo de mi imaginación, me convirtió en un loco, un terco. Incluso cuando los valores me derrotaban, cada vez que me golpeaban yo me fregaba la sangre y volvía a por más. Me decía que yo estaba a algo más que medio millón de dólares por delante del mercado y, por tanto, esto no podía estar pasándome. ¡Qué errado estaba!

Fue una época de completo hundimiento. En unas semanas perdí 100.000 $. Una lista puntualizada de mis operaciones de este momento parecería una crónica chiflada. Aún no puedo creerlo. Ahora sé que la raíz fue el egotismo que me llevó a la vanidad, que me condujo a un colmo de confianza que a su vez me condujo al naufragio. El mercado no era el que me derrotaba, sino mis propios instintos insensatos y mis emociones desmandadas.

Adquirí valores y los vendí horas mas tarde porque sabía que si los compraba y vendía el mismo día tenía autorización para operar con un margen en mi cuenta del 25 %. En vez de sacarle beneficio, lo que logré fue la pérdida de varios miles de dólares cada vez. Así fue como me aseguré el hundimiento:

2,500 HAVEG INDUSTRIES

Comprado a 70	($176,150.00)	
Vendido a 63 ½	($157,891.34)	
	Pérdida	$18, 258.66

1,000 ROME CABLE

Comprado a 37	($37,375.00)	
Vendido a 31	($30,724.48)	
	Pérdida	$6,650.52

1,000 GENERAL TIME

Comprado a 47¾	($48,178.80)	
Vendido a 44¾	($44, 434.32)	
	Pérdida	$3,744.48

500 ADDRESSOGRAPH-MULTIGRAPH

Comprado a 134½	($62,507.25)	
Vendido a 116½	($58,053.90)	
	Pérdida	$4,453.35

1,000 REICHHOLD CHEMICALS

Comprado a 63½   ($63,953.50)
Vendido a 61½   ($61,158.37)
               Pérdida $2,795.13

2,000 BRUNSWICK-BALKE-COLLENDER

Comprado a 55½   ($111,891.00)
Vendido a 53½   ($106,443.46)
               Pérdida $5,447.54

2,000 RAYTHEON

Comprado a 60½ ($121,901.00)
Vendido a 57¾   ($114,823.69)
               Pérdida $7,077.31

2,000 NAIONAL RESEARCH

Comprado a 24 ½ ($49,625.00)
Vendido a 22   ($43,501.52)
               Pérdida $6,123.48

4,000 AMERICAN METALS-CLIMAX

Comprado a 32 ⅞   ($132,917.60)
Vendido a 31 ⅝   ($125,430.37)
               Pérdida $7,487.13

3,000 AMERICAN MOTORS

Comprado a 41 ¼ ($124,938.90)
Vendido a 40   ($119,094.50)
                    Pérdida $5,844.30

2,000 MOLYBDENUM

Comprado a 49½ ($99,875.00)
Vendido a 47½   ($94,352.50)
                    Pérdida $5,522.50

2,000 SHARON STEEL

Comprado a 48¼ ($97,362.60)
Vendido a 43¼   ($85,877.27)
                    Pérdida $11,485.33

1,000 WARNER LAMBERT

Comprado a 98½   ($98,988.50)
Vendido a 95½   ($95,127.09)
                    Pérdida $3,861.41

1,000 LUKENS STEEL

Comprado a 88 ($88,478.00)
Vendido a 81   ($80,640.48)
                    Pérdida $7,837.52

TOTAL PÉRDIDA $96,588.66

¿Se preguntará ahora, tras esta doliente tabla, por qué me agitaba cada vez que veía los valores?

El hecho era, simplemente, que leía demasiado, pretendía hacer demasiado. Así que pronto conseguí el nivel en el que podía leer las cifras de las evaluaciones del mercado de valores pero ya no me decían nada. Aunque no mucho después entré en una etapa incluso peor. Ciego por las interminables pérdidas, sobrecogido por la confusión, atormentado por los rumores, llegué al instante en que ni siquiera podía advertir las cifras. Perdí el control de mi coherencia. Solía estudiar cada día escrupulosamente columnas de cifras que mis ojos leían pero no relacionaban. Mi mente estaba difusa y esta última fase me asustó de verdad. Me sentí como un borrachín que pierde contacto con la realidad y no comprende por qué. Al final de varias semanas funestas, me senté a inspeccionar con seriedad las razones por las cuales me podría haber acaecido esto. ¿Por qué la habilidad que tenia en Hong Kong, Calcuta, Saigón y Estocolmo la había disipado al estar a media milla de Wall Street? ¿Cuál era la contradicción?

No hallé ninguna solución posible al problema y durante mucho tiempo me sentí desconcertado. Entonces, un día, sentado en el Plaza Hotel y temiendo efectuar una llamada de teléfono, de repente me di cuenta de algo. Mientras estuve fuera, no vi salas de juntas, ni conversé con nadie, ni recibí llamadas telefónicas, ni observé pantallas de transmisión telegráfica.

La solución me estaba susurrando, pero al principio no le daba crédito. Era tan sorprendente, tan sencillo y, aun así, tan asombrosa que apenas podía creerlo. Ahí estaba: Mis oídos eran mis enemigos. Como una manifestación, nació en mí la idea de que cuando estuve de viaje había sido capaz de valorar el mercado, o, mejor dicho, los pocos valores que me concernían, de manera despejada, neutral, sin obstáculos o rumores, con una completa falta de emociones y de ego. Había operado puramente sobre la base de los telegramas diarios que me indicaban mi perspectiva y me exponían la forma en que se sobrellevaban los valores. No cabía influencia alguna porque ni veía ni escuchaba nada más. En Nueva York todo era diferente. Había obstáculos, rumores, pánicos, información contraria, todo metiéndose en mis oídos y, como resultado, mis emociones se implicaron con los valores, y el método frío y clínico se esfumó.

Sólo hubo una cosa que me protegió de la completa destrucción en esta época y fue el hecho de que UNIVERSAL CONTROLS y THIOKOL se comportaban apropiadamente, por lo que los dejé solos. Ahora me doy cuenta de que lo forjé sólo porque estaba demasiado ocupado para fastidiarme por ellos teniendo que operar con otros valores que me estaban haciendo derrochar dinero.

Revisé la situación, me desbaraté de todos los valores menos de estos dos y, luego, tomé un avión a París. Sin embargo, antes de irme tomé una medida muy importante. Dejé ordenamientos a mis agentes de bolsa para que no me llamaran nunca ni me facilitaran información de ninguna clase bajo ningún subterfugio. El único empalme que quería con ellos y con Wall Street era, como siempre, mi telegrama habitual. Vagué por París como en las nubes, en mi cabeza aún daban vueltas columnas emborronadas y sin sentido de cotizaciones del mercado de valores. Recogía los telegramas diariamente, sin tener mucho sentido para mí ya que había perdido mi pericia por completo. Me sentía como un hombre que ha tolerado un terrible accidente y cree que nunca volverá a recuperarse. Estaba completamente desmoralizado. Entonces, justo cuando pensaba que esta situación sería indestructible, sucedió algo. Llevaba en París alrededor de dos semanas cuando un día recogí mi telegrama habitual del Hotel George V. Al inspeccionarlo con desánimo, de alguna manera las cifras me parecieron menos borrosas. Al principio no podía entenderlo. Me vi mirándolas como si nunca antes las hubiera visto. Temía que sólo me estuviera suponiendo cosas. Inquieto, esperé el telegrama del día siguiente. Al tomarlo, no tuve dudas: las cifras me resultaban más claras y naturales. Como si estuvieran alzando un velo, de nuevo recomenzaron a formarse imágenes ante mis ojos, proporcionándome alguna idea del futuro de los valores.

Durante los días sucesivos, los telegramas me resultaban cada vez más claros y empecé a leer las evaluaciones igual que mi viejo yo. Una vez más pude ver que algunos valores eran más enérgicos, otros más débiles. A la vez, mi "instinto" retornó. Poco a poco, como un inválido, comencé a recobrar mi seguridad. Recuperé el arrojo suficiente para probar de nuevo mi procedimiento.

Pero había asimilado la lección y decidí instituir como regla permanente el no visitar nunca una oficina de corretaje. Además, impediría a mis agentes que tomaran el teléfono para llamarme. Sólo debía tener las evaluaciones de los valores por medio de telegramas y nada más. Inclusive si volvía al hotel de Nueva York, el espacio de mis transacciones desastrosas, que está a un corto paseo en taxi hasta Wall Street, mis advertencias serían inflexibles. Debía hacerme a la idea de que Wall Street estaba a miles de kilómetros de mí y cada día mis agentes me remitirían un telegrama como si estuviera en Hong Kong, Carachi o Estocolmo. Además, mis agentes no me debían tasar ningún valor, exceptuando los que yo pidiera, ni debían conversarme de ningún valor nuevo porque eso ya ingresaría en la clasificación como un tipo de rumores. Yo sólo me enteraría de los valores nuevos, como había hecho persistentemente, leyendo el periódico financiero semanalmente. Cuando veía uno que me concernía y parecía preparado para subir, solicitaría sus cotizaciones. Sólo pediría una cotización nueva cada vez. Y luego, como frecuentaba hacer, lo aprendería detalladamente antes de decidir si valía la pena seguir. Como alguien que ha sobrevivido a un incidente de avión y sabe que debe volar antes de que pierda totalmente el valor, sólo había una manera de hacer que mi método estuviera a prueba de idiotas. Así que reservé lugar en un vuelo a Nueva York.

CAPITULO DIEZ
DOS MILLONES DE DÓLARES

Cuando retorné a Nueva York la tercera semana de febrero de 1959, ya me había recuperado por completo del sobresalto de un periodo insensato, por lo que comencé a invertir en el mercado otra vez.

Aunque todavía podía sentir los golpes de mi propia estupidez, era como alguien que se siente más enérgico y mejor tras una mala práctica. Había aprendido mi última lección y ahora sabía que debía perseguir estrictamente el método que yo mismo había creado. Asimilé que si me extraviaba de él, aunque sólo fuera una vez, me vería en problemas, mi estructura financiera al completo estaría en riesgo de inmediato, podía derribarse como un castillo de cartas. Mi primer movimiento en Nueva York fue fundar un cerco de hierro a mi alrededor para afirmarme de que no volvería a repetir ninguno de los errores preliminares. Primero resolví repartir mis transacciones entre seis agentes de bolsa. De esta Manera nadie vigilaría mis operaciones. Para protegerme a mí mismo de cualquier posible interrupción por parte de ellos, alcé una barrera, una forma de amparo que aún sigo utilizando hoy. Así es cómo lo fabriqué. Pedí a mis agentes que remitieran los telegramas después de la hora de cierre de Wall Street, para que me llegaran a las 6 p.m. Ésta es la hora aproximada a la que me levanto, secuela de actuar en clubs nocturnos durante muchos años. Mientras tanto, durante el día, en la centralita tienen la disposición de no dejar pasar ninguna llamada.

De esta forma todo lo que sucede en Wall Street sucede mientras yo estoy en la cama. Yo duermo mientras ellos se ocupan por lo que no me pueden localizar ni inquietar. Mi delegada, la orden de pérdida limitada, me personifica en caso de que suceda algo imprevisto. A las 7 p.m. recomienzo a trabajar examinando el telegrama diario y decidiendo cuáles serán mis transacciones por hacer. Antes de hacer esto, adquiero un ejemplar de algún periódico de la tarde que coja los precios de cierre de Wall Street. Remuevo las hojas con las cotizaciones diarias y tiro el resto de la sección financiera porque no quiero leer historias ni comentarios, por muy bien enterados que estén, pues me podrían mandar por mal camino. Luego, con el telegrama y la página arrancada del periódico, me instalo a trabajar mientras Wall Street duerme. Durante las semanas que utilicé para remediar mi confianza dañada, los dos valores que no había vendido continuaron subiendo. Casi de forma perpetua, UNIVERSAL CONTROLS ascendió hasta que llegó a 60, una subida de más del 40 % desde mi Última visita a Nueva York. THIOKOL se comportaba igual de bien y ahora estaba estimulando el 110.

Todo parecía verdaderamente prometedor. Decidí que no se hallaban razones para tocarlos. Armado con mi amarga experiencia y bien estable tras mi fuerte barricada, empecé a moverme en el mercado con certeza pero también con sensatez. Éstas fueron algunas de mis exitosas operaciones:

1 .000 GENERALTIRE & RUBBER
Comprado a 56 (56.446,00 $)
Vendido a 69½ (69.1 51 ,01 $)
Beneficio 12.705,01 $

1 .000 CENCO INSTRUMENTS
Comprado a 19½ (1 9.775,00 $)
Vendido a 23½ (23.247,63 $)
Beneficio 3.472,63 $

500 AMERICAN PHOTOCOPY
Comprado a 71¼ (35.980,75 $)
Vendido a 79½ (39.570,92 $)
Beneficio 3.590,17 $

1 .000 UNNION OIL OF CALIF
Comprado a 46 (46.420,OO $)
Vendido a 50 (49.669,OO $)
Beneficio 3.249,00 $

500 POLAROID
Comprado a 121 (60.75530 $)
Vendido a 127 (63.299,08 $)
Beneficio 2.543,58 $

500 BRUNSWICK-BALKE-COLLENDER
Comprado a 71¼ (35.855,64 $)
Vendido a 77 (38.322,08 $)
Beneficio 2.466,43 $

500 BELL & HOWELL
Comprado a 93 (46.741,50 $)
Vendido a 99¼ (49.436,81 $)
Beneficio 2.649,31 $

Pero tratándose del mercado de valores, no todo fueron triunfos. Varios de los valores que adquirí no se comportaron como había sospechado y, por tanto, hubo transacciones que acabaron con pérdidas:

1.000 CENCO INSTRUMENTS
Comprado a 23 (23.300,OO $)
Vendido a 22 (21.755,76 $)
Pérdida 1.544,24 $

500 REICHHOLD CHEMICALS
Comprado a 65 (32.727,50 $)
Vendido a 63¾ (31.703,17 $)
Pérdida 1.024,33 $

1 .000 FANSTEEL
Comprado a 63½ (63.953,50 $)
Vendido a 62 (61.657,96 $)
Pérdida 2.295,54 $

500 PHILADELPHIA& READING
Comprado a 131 (65.760,50 $)
Vendido a 129¾ (64.672,79 $)
Pérdida 1.087,71 $

Estas dos tablas ratifican definitivamente mi método. Podrá advertir que, en proporción a la cantidad invertida, en los asuntos de beneficios las cifras eran mayores que en los asuntos de pérdida. Recuerde que todas estas operaciones se ejecutaron por medio de telegramas de Nueva York a Nueva York y que ni siquiera una vez vi o conversé con mis agentes de bolsa. Muchas veces, los días que maniobraba, cuando algunas de mis fortunas empezaban a volar, fracasando como pájaros moribundos, ellos debían haber estado deseando tomar el teléfono para colocarme sobre aviso. Seguro que creían que yo era el mayor maniático del mundo al impedirles hacerlo, pero mi regla era severa. Me enteraba de las noticias, buenas o malas, cada día a las 6 p.m. cuando tomaba el telegrama y luego empezaba a actuar. Durante varias semanas que pasé operando de esta manera desde Nueva York, UNIVERSAL CONTROLS comenzó a mostrar problemas. Empezó a derrochar su habitual tendencia ascendente, su acrecentamiento de actividad y precio se descontrolaron demasiado.

Esto se podía convertir en problemas, problemas que con toda seguridad llegarían. Tras un progreso de 66 en la primera semana de marzo, el valor subió a 102 en tres semanas. En este punto cambió su rapidez y empezó a ir en dirección inversa. No me gustó en absoluto el semblante de esta caída, descendiendo como una bolsa de aire y sin señales de subida. Sin duda, las vacaciones se habían acabado y si no fuera sensato podría verme sorprendido en un descenso en picada, por lo que acrecenté la pérdida limitada dos puntos por arriba del precio de cierre del día. UNIVERSAL CONTROLS fue vendido la mañana siguiente a precios que fluctuaban entre 86 $^{1/4}$ y 89 $^{3/4}$, a más de 12 puntos de diferencia. Estaba muy feliz y no veía razones para no serlo. Había hecho un extenso recorrido y el precio total de venta fue de 524.669,97 $, lo que me causó un beneficio de 409.356,48 $.

Ahora tenía un capital formidable para invertir. Eché un vistazo al mercado detenidamente, investigando como siempre un valor caro y de operaciones optimistas. En ese momento salió otro problema que hacía más dificultoso el hallazgo de un valor apropiado. Pudiendo derrochar esa cantidad de dinero, debía tener cuidado y no consentir que mis propias compras intervinieran demasiado en el mercado. Después de mucho investigar, di con un valor que consumaba con todos estos requisitos, casi inadmisible de conseguir. Se trataba de TEXAS INSTRUMENTS. La segunda semana de abril adquirí las primeras 2.000 acciones a un precio medio de 94 $^{3/8}$ y luego otra cantidad de 1.500 a 97 $^{7/8}$. Como la acción del valor seguía siendo maravillosa, añadí a mis pertenencias 2.000 acciones más. El precio medio de esta última adquisición fue de 101 $^{7/8}$, lo que, como puede verse, conjeturaba mucho dinero, más de medio millón de dólares, de hecho. Los detalles de mis compras deTEXAS INSTRUMENTS fueron los siguientes:

2.000 acciones a	94$^{3/8}$	189.71 8,80 $
1.500 acciones a	97$^{7/8}$	147.544,35 $
2.000 acciones a	101$^{7/8}$	204.733,80 $

Total 5.500 acciones 541.996,95 $

Ya que el capital derivado de UNIVERSAL CONTROLS lo había recapitalizado, dediqué mi cuidado una vez más aTHIOKOL. THIOKOL y yo éramos ya viejos camaradas y, como en toda vieja amistad, teníamos una dependencia especial. Siempre le había autorizado mayor libertad que a los demás valores, en parte porque realmente "sentía" este valor y en parte porque tuve la gran ventaja de que me brindaran la cuenta de inscripción especial. Habría sido una chifladura perder ese acuerdo de crédito tan excepcional, así que siempre mantuve el móvil de pérdida limitada bien por debajo de su subida, cosa que no había hecho con ningún otro valor pero que en el tema de THIOKOL me salvó dos veces de que fuera vendido. La primera vez fue cuando soportó una mala reacción durante la primera semana de abril. Esta reacción venía pisándole los talones al informe de un fraccionamiento de 3 por 1. Fue tan fuerte que pensé que tendríamos que apartarnos pero decidí dejar que decidiera la pérdida limitada.

Pero no reventó y al periodo de naufragio le siguió rápidamente una vigorosa subida. Sin embargo, no era el Único a quien le gustaba THIOKOL ya que el valor recién fraccionado tuvo una réplica pública muy agitada que lo disparó a 72 la primera semana de mayo.

La respuesta fue demasiado buena y llevó a esta maravillosa situación:

-Su actividad semanal fue de un volumen increíble de 549.400 acciones.
-Su ascenso semanal fue de 13 ¼ puntos.
-El volumen de transacciones constituyó un valor total de 40.000.000 $.
-La diferencia de precio semanal fue de 7.000.000 $.

Parecía que ningún operador de la Bolsa de valores de Nueva York tenía otra cosa que hacer esa semana menos hacerse y deshacerse ágilmente de THIOKOL. Por supuesto, esa situación no podía persistir. Los directores de la Bolsa de valores de Nueva York resolvieron suspender todas las órdenes stop y el resultado fue que la mayoría de los operadores dejaron el valor. No adquirirían ni venderían un valor si no podían defenderse. También conjeturó que yo mismo me viera fuera del valor instintivamente. Me habían quitado mi instrumento más poderoso, sin la cual era incapaz de trabajar.

Vendí mis pertenencias de THIOKOL a un precio promedio de 68, logrando, después del fraccionamiento de 3 por 1, más de 200 $ por cada una de las 6.000 acciones originales. Había abonado un total de 350.820 $. De las 18.000 acciones fraccionadas recogí 1.212.851,52 $, con un beneficio de 862.031,52 $.

La eventualidad de volver a meter un millón de dólares en el mercado suponía una enorme dificultad. Tendría que ser el doble de sensato porque era demasiado dinero para cambiarme a otro valor expeditamente. Era una suma tan grande que mi importe se veía obligado a intervenir en el mercado. También tuve que tomar el hecho de que una pérdida limitada ya no seria práctica porque ningún operador o especialista atraería tal cantidad de valor en cosa de segundos.

Sólo permanecía una cosa: decidí dividir mis fondos en dos partes. Una vez que me convencí para forjarlo, la elección fue, sin lugar a dudas, más fácil. Me tenía que decidir sólo entre cuatro valores: ZENITH RADIO, LITTON INDUSTRIES, FAIRCHILD CAMERA y BECKMAN INSTRUMENTS. Los había visto mucho tiempo y a todos los pensaba apropiados según mis teorías tecno-fundamentalistas. Ya todo lo que me resultaba por hacer era ver qué dos de ellos debía optar y sólo había una manera de concebirlo: dejar que sus fuerzas en el mercado lo juzgaran. Utilizando la técnica que utilicé con tanto éxito con UNIVERSAL CONTROLS y THIOKOL, el 13 de mayo de 1959 realicé una compra piloto de los cuatro:

500 acciones ZENITH RADIO	a 104	(52.247 $)
500 acciones BECKMAN INSTRUMENTS	a 66	(33.228 $)
500 acciones FAIRCHILD CAMERA	a 128	(64.259 $)
500 acciones LITTON INDUSTRIES	a 112	(56.251 $)

Por cada uno de estos valores instituí una orden de pérdida limitada del diez por ciento por debajo de su precio. Estaba totalmente seguro de que estas pérdidas limitadas eran imprecisas y demasiado mecánicas. Fue un procedimiento, si no torpe, si voluntario, que utilicé a propósito porque sabía que tarde o temprano se excluirían aquellos más débiles de los cuatro. El 18 de mayo se vendió BECKMAN INSTRUMENTS a 60 y el 19 de mayo decidí vender LITTON INDUSTRIES a 106¼, ya que se sobrellevaba peor que los otros. Entonces ajusté las pérdidas limitadas de los valores restantes.

La cuarta semana de mayo, procedí a invertir más de 1.000.000 $ en los dos valores más fuertes, siendo mis compras totales las siguientes:

ZENITH RADIO

500 acciones a 104	52.247,00 $
1.500 acciones a 99¼	150.359,70 $
1.000 acciones a 104	104.494,00 $
1.000 acciones a 105¼	105.745,30 $
1 Soo acciones a 107½	161.996,25 $

Total 5.500 acciones 574.842,25 $

FAlRCHlLD CAMERA

500 acciones a 128	64.259,00 $
1.500 acciones a 123¼	123.763,30 $
1.000 acciones a 125	125.51 5,00 $
1.000 acciones a 126¼	126.766,30 $
1.500 acciones a 127	127.517,00 $

Total 4.500 acciones 567.820,60 $

Restando las transacciones a corto plazo, mis fondos fueron saltando de valor en valor de la siguiente forma:

Marzo - Abril 1959

Vendido	UNIVERSAL CONTROLS	524.670 $	
Comprado	TEXAS INSTRUMENTS		541.997 $
Mayo 1959			
Vendido	THIOKOL CHEMICAL	1.212.850 $	
Comprado	ZENlTH RADIO		574.842 $
Comprado	FAlRCHlLD CAMERA		567.821 $

Total recibido 1.737.520 $
Deuda margen 274.600 $

1.462.920 $
Efectivo disponible de operaciones previas 70.000 $

Efectivo para reinvertir   1.532.920 $
Total reinvertido (a un margen del 90 %)   1.684.660 $

En esa época tenia seis agentes de bolsa. Cerré la cuenta con tres de ellos y luego me volví a sentar para observar los valores que guardaba. No tenía nada más que hacer mientras TEXAS INSTRUMENTS, ZENlTH RADIO y FAlRCHlLD CAMERA se ocuparan para mí.

Durante junio los telegramas siguieron sobrevolando entre Wall Street y Plaza Hotel. Carecían de sentido para los operadores de telégrafos del Western Union pero tenían mucho sentido para mí. Por ejemplo, el 9 de junio recibí el siguiente telegrama:

"Z 122 ½ (124-116¾)   T 119¼ (121½-117¼)   F 125 (126-121)"

El telegrama del día siguiente fue:

"Z 132⅜ (132½-125)   T 123¾ (123⅞-120⅜)   F 130 (130-126½)"

A los operadores les parecían jeroglíficos fastidiosos y sin sentido pero tenían mucho sentido para mí. ¡Me decían que el valor de mis rentas se había revalorizado en 100.000 $ en un solo día! La vida comenzó a ser extraña. Me sentaba en el Hotel Plaza cada noche, leyendo el telegrama y guardándolo. No había nada más que pudiera hacer. Me sentía optimista e impaciente, pero sin poder, como un científico que, tras años de trabajo e indagación, ha logrado arrojar con éxito un cohete a la luna y ahora, mientras le persigue la pista y ve que sube cada vez más alto, tiene una impresión enorme de logro pero, al mismo tiempo, se siente desencantado por la inactividad.

Como él, me hallaba entre bastidores, simplemente velando que mis valores continuaran el ascenso con estabilidad como misiles perfectos. Entonces, un día a principios de julio, recogí una oferta para aparecer en el "Sporting Club" de Monte Carlo. Lo consentí con mucho gusto. Sentado todo el tiempo, estaba empezando a sentir un leve fastidio después de todos los problemas y espantos pasados que me habían despedazado los nervios. Antes de hacer todos los planes para salir de Nueva York, pedí citas con mis agentes de bolsa. Examiné mis cuentas con cada uno de ellos y descubrí que si vendiera todo antes de irme a Europa, podría convertir mis valores en más de 2.250.000 $. ¿Que sentí con estas referencias? 'Euforia? exaltación por ser doblemente millonario? No puntualmente. Estaba feliz, pero no excitado. Me excité mucho más cuando gané mis primeros 10.000 $ con DINERS' CLUB. Esta vez me sentía más bien como un corredor que ha ejercitado enérgicamente y ha sufrido muchas desilusiones y ahora llega corriendo a la victoria. Me enfrenté de nuevo al mismo problema por el que ya había pasado antes: ¿Debería vender? ¿Debería correrme con todo? Esta vez la respuesta fue factible, era la disputa típica de prueba y confía: no existía ningún motivo para vender un valor en aumento. Continuaría ascendiendo junto con su tendencia, tirando mi pérdida limitada conmigo. A medida que la predisposición aumentara, yo adquiriría más. ¿Y si la tendencia diera un giro? Como siempre, huiría como un ladrón perturbado.

Instituí pérdidas limitadas nuevas en todos mis valores para que si caían durante mi viaje a Europa, se traspasaran quedando mis dos millones intactos. Me sentí contento y positivo mientras iba por la Quinta Avenida en taxi después de dejar a los agentes. Ingresé en el vestíbulo del Hotel Plaza y, de forma automática, compré el periódico de noche, removí los precios de cierre de Wall Street, tiré el resto del periódico, recogí mi telegrama de las 6 p.m. y entré en el ascensor.

En mi habitación abrí el telegrama, extendí la hoja del periódico y me senté con un suspiro de bienestar. No sólo porque había conseguido dos millones de dólares sino porque estaba haciendo lo que más me deleitaba.

Trabajaba mientras Wall Street dormía.

ENTREVISTA CON LA REVISTA TIME

Era mayo de 1959, seis años y medio después de que los hermanos Smith me hubieran brindado un valor canadiense llamado BRILUND. Sentía como si la rueda hubiera rodado la circunferencia completa porque, entonces, estaba actuando de nuevo en el "Latin Quarter" de Nueva York. No sé cómo pero mis procedimientos en el mercado de valores se habían estado comentando por Wall Street y las noticias de mi triunfo se habían infiltrado y difundido poco a poco.

Un día, para mi asombro, recibí una llamada telefónica de la unidad de economía del Time, diciendo que habían escuchado hablar de mi éxito en el mercado y que les gustaría enviar a un periodista para verme. Al día siguiente vino y le facilité todos los datos afines con la forma en que había logrado mi fortuna, le dejé conocer cuentas, registros, telegramas, los cuales examinó con detalle y se fue diciendo que mi historia le había conmovido muchísimo. Un día después, retornó para decirme que el personal experto en economía se había mostrado enormemente escéptico, incapaz de conceptuar mi historia. La verdad es que no me sorprendió, así que de nuevo le expuse los datos y cifras. Los estudió durante horas y cuando hubo acabado parecía estar persuadido de que eran precisos.

Pero esto, tal y como revelaría más tarde, sólo fue la contienda preliminar. A la mañana siguiente llamó y me preguntó si podíamos quedar para almorzar. Media hora antes del almuerzo volvió a llamar y dijo que vendría acompañado de un editor que quería evidenciar la historia por sí mismo. Llegaron al almuerzo a la una en punto. Una vez más coreé todos los detalles financieros y el editor estaba tan interesado que ni siquiera tocó la comida. A las cuatro, tras escuchar la historia completa, se comió un sándwich, hasta que a las cinco él y el periodista se fueron. No había hecho ninguna observación pero era obvio que se había quedado impresionado. Nunca había contemplado a un hombre tan interesado.

Esa noche, a las seis, me volvió a sonar el teléfono. Esta vez era un experto en Wall Street del Time. Me dijo que el Editor Ejecutivo no accedería a que se publicara la historia hasta que tres miembros del personal del Time dieran fe colectivamente de que habían conversado conmigo y justificado los datos. Además, para mayor sorpresa, insistió en ver mi actuación de baile. ¡El Editor Ejecutivo no sólo titubeaba de mi éxito en el mercado de valores sino que parecía creer que tampoco sabía bailar! A las siete llegó el experto, que al principio, desconfiado, negaba con la cabeza todo lo que le narraba y todas las pruebas que le mostraba con relación a mis operaciones en el mercado de valores. Parecía tener la osadía de no creer nada.

Cuando Julia y yo salimos en el escenario, se mostró emocionado por nuestro baile. ¡Al menos eso era algo! Había estado sometido a cuestionarios tras cuestionarios durante tres días y estaba comenzando a sentirme ligeramente nervioso. Como consecuencia, no me hallaba en completa forma y casi al final de la actuación, cuando tenía que dar un salto que demandaba gran esfuerzo, me desgarré un músculo del brazo derecho y apenas pude terminar la actuación. Con mucho daño en el brazo, me senté con el experto de Wall Street para seguir con su meticuloso y rígido interrogatorio financiero. Duró horas y horas. Siempre retornaba a la misma pregunta: ¿Por qué hablaba tan francamente de las transacciones de valores?

Contestaba que estaba orgulloso de lo que había sido diestro de hacer y sentía que no había nada que esconder. Ya era más de media noche, pero durante todas estas horas mi investigador rehusó a beberse aunque sólo fuera una copa. Aceptó, con bastante sinceridad, que quería tener la cabeza despejada para descubrir cualquier fallo en mi sistema o registros. A las dos de la mañana soltó el lápiz y dijo: "Vamos a beber algo". El escepticismo de su última duda había sido suprimido. Se había convencido. Levantó el vaso y brindó por mi triunfo en el mercado. Se fue a las cuatro de la mañana, pero antes me estuvo solicitando consejos. Consejos que le di. Le dije que adquiriera cierto valor, pero sólo si subía a 39¾ y que estableciera también una pérdida limitada a 38½. Espero que no hiciera caso omiso de este consejo y lo obtuviera a una cifra menor porque nunca alcanzó 39¾ sino que cayó de repente a 22.

A la semana subsiguiente el articulo apareció en el Time, que, por supuesto, tiene un público lector muy acreditado, especialmente en círculos financieros. El efecto fue que la mayoría de los expertos financieros, pero no todos, me admitieron como un inversor de mucho éxito en el mercado de valores, aunque poco ortodoxo. De ahí este libro.

Otro efecto fue que tenía un músculo algo desgarrado y un médico me dijo que tendría que abolir la actuación por completo, dudando si podría alzar de nuevo a mi compañera. Dos semanas más tarde ya me hallaba en el escenario actuando como siempre, cosa que he hecho desde entonces, manifestando, quizás, que los expertos en medicina a veces pueden errar el tiro tanto como los expertos de Wall Street.

PREGUNTAS Y RESPUESTAS

P: Soy viuda, con dos hijos pequeños, y creo que sólo puedo jugar con 2.000 $, lo cual es una cuantía muy pequeña para estar tan concernida como estoy yo por el mercado de valores.

¿Sería viable que se pusiera en contacto conmigo y me diera su dictamen sobre algún "valor calentito" de vez en cuando?

R: No hay ningún "valor calentito" para personas en su contexto y la razón es ésta:

Un súbito derroche de un valor puede corresponderse a muchas circunstancias. Como resultado la pregunta debería modificarse: "¿Cuánto tiempo estará "calentito" un valor? Y eso no hay quien lo reconozca. Esta es una de las razones primordiales por las que pienso que dar consejos sobre valores es infiel. El consejero, si es un experto, se puede deshacer de sus riquezas en el momento en que se da cuenta de algo, pero posiblemente no tendrá tiempo o no se fastidiará en tomárselo para llamar a la persona a quien le dio el consejo. Por eso, ni pida ni acepte consejos.

P: Soy un alumno de primer año de la Universidad de Harvard que no disfruta de beca y ésta es la plataforma de la mayoría de mis problemas. Supongo que a duras penas podré acabar este año gracias a mi cuenta de ahorros, la de mis padres y lo que capto en un trabajo de media jornada. El año que viene, en cambio, si Harvard no me proporciona la beca, tendré que pasarme a la Universidad de Massachusets que es más barata. No me gusta nada esta emergencia ya que no quiero marcharme de Harvard y por eso forjaría cualquier cosa que me permitiera quedarme.

Lo que de verdad me gustaría pretender es pagar mis cuatro años de universidad invirtiendo en el mercado de valores. Me doy cuenta de que es una idea bastante expuesta, pero de todas maneras me gustaría probarlo. Empezó a concernirme el mercado de valores hace alrededor de un año y leí su libro (Cómo conseguí 2.000.000 $ en el Mercado de Valores) una noche que fui a casa de unos conocidos. Este libro me pareció mucho más atrayente que otros libros sobre el mercado de valores que había leído antes, los cuales hacían sobresalir los valores "en crecimiento" y valores punteros y exponían que la especulación era una palabra grotesca. Me interesa conseguir mucho más que "un ingreso constante del seis por ciento al año" y me parece que su procedimiento es una manera muy sensata de hacerlo. Ahora, mi único inconveniente es que no poseo dinero para invertir. Tengo una lista de 15 ó 20 valores que he estado observando de cerca y es doloroso verles subir rápidamente, sabiendo que no voy a sacar ni un centavo de ellos. Por eso, ésta es mi proposición:

Si usted posee algún dinero de reserva que no esté manipulando (1 .Ooo $, 5.000 $ o la cantidad que quiera), me gustaría "pedirle prestado". Y coloco "pedir prestado" entre comillas porque, para ser franco, si lo perdiera no podría restituírselo. Sin embargo, tengo la finalidad de hacer todo lo posible para evitar derrocharlo, pagándole un porcentaje de mis beneficios (digamos el 10 por ciento) hasta que le hubiera restituido toda la cantidad que me dejó al principio.

R: Dejar Harvard por una universidad más barata en Massachusets debe ser un duro porrazo para ti. Sin embargo, tendrías que hacerme una promesa superior.

P: Hace varios años, me interesó mucho la lectura de su libro, Como conseguí 2.000.000 $ en el Mercado de Valores. Como especulador, me ha ido bastante conforme con mi capital, pero siempre esgrimí el método fundamentalista. Ahora, posteriormente de releer el libro, me pregunto si aún maneja el método tecno-fundamentalista. ¿Podría contestar las preguntas que le hago más abajo?:
A..¿Utiliza todavía el procedimiento tecno-fundamentalista?
B.¿Considera ventajoso el uso de un servicio de chart (análisis de previsión del mercado o gráficos) semanal?

R: A. Todavía uso el método tecno-fundamentalista, aunque hay asuntos en que es realizable el método fundamentalista. Sin embargo, incluso con un perfecto conocimiento interno de la fuerza de la compañía, siempre le echo una ojeada al comportamiento del valor en el mercado. En la gran generalidad de los casos se emplea una regla básica que es: el crecimiento gradual de ingresos muestra tarde o temprano aumentos de precios. Aun así, a veces el mercado pasa por alto todos los semblantes excepto la moda pasajera actual.

B: No manejo servicios de chart semanales, aunque se me podría imaginar un chartista mental. Para propósitos prácticos, diría que el chart semanal es útil.

P: ¿Ha usado las Manfield Bi-weekly Chart Revisions para estudiar las tendencias? ¿Ha probado la ventaja de las líneas de tendencias a la hora de instituir los límites de las cajas o se puede fundar una correlación entre ellas sólo con aquellas que han logrado niveles de altura históricos? Cuando utiliza un nivel de altura histórico como punto de compra, ¿Conserva literalmente ese nivel histórico o puede adquirir con toda seguridad un valor instituyendo un nuevo nivel por un periodo menor, pongamos, cinco años, que también exponga un volumen ascendente? ¿Ha probado si le son útiles las guías de valores mensuales?

R: No he esgrimido las Manfield Bi-weekly Chart Revisions, pero no por eso creo que las líneas de tendencias en el mercado almacenen siempre una relación directa con las cajas de un valor individual. Cumplo rigurosamente con el nivel histórico. Una guía de valores es muy ventajosa para establecer la situación general de un valor, incluidos capitalización, volumen medio, dividendos y récords históricos.

P: Asegura que colocaba la orden de compra cuando el nivel de altura diario había subido incluso una fracción por encima del limite superior de la caja (en este caso 41) durante tres días sucesivos, sin importar el cierre de cada día. Me he planteado comprar Arlan's Department Stores tan pronto como determine su caja. Estos son los precios, empezando por el 15 de junio:

15	41 - 1/2	42 - 3/8
16	43	43 - 7/8
17	44 - 1/8	45
18	43 - 1/2	44 - 3/8
19	44 - 1/4	45
22	44 - 3/4	46 - 1/2
23	46	48 - 1/2

El 19 de junio, pensé que el límite superior de esta caja era 45 porque no sobrepasó ese nivel durante tres días y establecí el límite menor de la caja en $43^{1/2}$.

El 19 de junio creí que el límite superior de la caja indicaba una orden de compra a $45^{1/8}$ y una pérdida limitada de $44^{7/8}$ pero, por lo que había leído en su libro, parece que el precio debe exceder el límite de la caja durante tres días sucesivos antes de fundar la orden de compra. En el momento de este escrito, el precio de Arlan's ha alcanzado el Límite de la caja durante dos días y, a 48-$^{1/8}$, no parece que vaya a retornar al 45-118 que consideré el punto de compra. No quiero que califique la sabiduría de esta elección, ya que sé que se halla algo más en la selección de valores que una evaluación mecánica de la acción de registros, pero lo que sí me gustaría saber es si está de acuerdo en que tenía información apta para instituir el valor en la caja 43 - 45 y si entendí cabalmente la idea de decidir no fundar la orden de compra hasta que no se haya alcanzado el Límite superior durante tres días. La raíz de mi confusión es que, en su libro, asevera que establecía la orden de compra a la mínima fracción que superara el Límite pero no expresa cuándo.

R: Su interpretación es errónea. Una orden debe instituirse de tal manera que el valor sea adquirido en el instante en que sube (incluso una fracción) el límite superior de la caja. La regla de los tres días sucesivos no se emplea a todos los ejemplos, sólo se aplica para fundar el Límite inferior y superior de las cajas. Su fallo en el caso de Arlan's Department Store fue una interpretación errónea. Admítame explicarle las reglas de una manera más clara. Pongamos por caso un valor que sale de su caja anterior y comienza a ascender. El Límite superior de su nueva caja será el precio más alto que alcance durante este ascenso sin ser palpado o penetrado durante tres días sucesivos. En su ejemplo y con las cifras que me proporciona en su carta, este valor no ha tocado el techo de la caja aún. Igual de significativo es que el Límite inferior de la nueva caja no puede instituirse hasta que se ajuste el Límite superior. El procedimiento para establecerlo es justo el contrario de como se instituyó el Límite superior. En el caso que alude, su punto de compra fue erróneo y extremadamente peligroso desde el punto de vista de mi interpretación de movimientos de valores. Adquirió justo en el medio de una banda de fluctuación. Su sistema de cajas, con todos sus adjuntos, me viene de maravillas. Después de advertir cómo funciona, lo he probado y es razonable al 100%. Pero le he hallado un beneficio que se me ha cruzado por la mente hace poco y que usted no lo indica, por lo que debo sacar en consumación que nunca lo ha examinado de esa forma. A mí me parece que si lo hubiera hecho habría conseguido el doble de lo que lograba con un valor. Y es lo siguiente... Siempre, después de fundar el punto de una pérdida limitada automática, hay una ruptura de tendencia porque su valor caía en picada por la caja... No habría sido una pieza sensata de su procedimiento haber establecido también una orden de adquisición y en ese mismo punto una ordenanza de venta para recobrar luego (Short Vendido) corta del mismo número de acciones que acaba de vender? Lo único que se precisa hacer para resguardarse es establecer otra pérdida limitada y así ambas obtendrían provecho de la carrera ascendente del valor, además de su derrumbamiento. Si realmente fuera un mercado bajista formal, habría sido muy probable que hubiera duplicado su dinero. Me concierne mucho su comentario. Según su hipótesis, sería interesante negociar una receta para descubrir, o mejor dicho adivinar, el nivel del valor en el mercado. Ésta no predice lo que va a suceder pero, utilizada en conjunción con su hipótesis, ¡sería un exitazo! Con este procedimiento, he pronosticado los límites superiores e inferiores hasta dos años por adelantado que es rara vez más de 15 $ como margen de error.

Su forma es más la de un jugador que la de un hombre que se inquieta exclusivamente por ganar dinero. Mi práctica me dice que cuanto menos salte de un lado a otro y pretenda hallar formas rebuscadas de jugar sofisticadamente y sacar delanteras a corto plazo, más ocasiones tendrá de conseguir dinero. También aprendí a conservarme al margen del mercado bajista mientras que mis valores persistan en sus cajas o asciendan. Aunque le saludo por el éxito de sus "predicciones", creo en el estudio y no en la pronosticación.

P: ¿Seria tan cordial de insinuarme los campeones reales, no los velocistas de distancias cortas, y de darme una pista respecto a cuándo desbaratarme de ellos? Cualquier insinuación y ayuda que se ofrezca a facilitarme será inmensamente valorada.

R: Cualquiera que le brinde un "campeón real" está simplemente suponiendo. Un valor es un "campeón real" sólo cuando se comporta como tal.

P: Creo que he comprendido su teoría de las cajas y, de hecho, en los últimos dos meses y medio, vigilando valores que habían establecido niveles de altura anuales, he podido estimar su sistema. Sin embargo, el margen de pérdida limitada tan angosto que usted se permite hacer me perturba bastante. De hecho, me han pretendido algunas pérdidas. Por medio de los gráficos (en inglés charts) y estudios que he ejecutado, noto que casi todos los valores que se concretan bajo su sistema, en este momento, tienen un margen ampliamente mayor entre el límite inferior y el superior del que usted accede y me inclino a pensar que usted se interesa sólo por valores que destrocen el nivel de altura anterior y que nunca paren hasta que logren uno superior. ¿Es así? Esto simbolizaría que tendría que admitir pérdidas menores (comisiones y margen de pérdida limitada de w punto más o menos) hasta que trate con el valor apropiado. Mi agente de bolsa dice que esto parece más un mercado extrabursátil que otra forma. ¿Estaría de acuerdo con que estas circunstancias es de la clase que alude como "no demasiado triunfante para su sistema"?

R: Usted contesta a su pregunta en el tercer párrafo de la carta. Me concierno sólo por valores que destrozan la altura anterior. El procedimiento entero se basa en ascensos grandiosos y rápidos y, como es natural, el 90% o más de los valores cotizados no se hallan bajo estas características. En relación al mercado extrabursátil, algunos de los ascensos mayores tienen parte en dicho mercado. Además, en esa clase de mercado es más fácil revelar algo.

P: Lo que verdaderamente me perturba es cómo puede observar todo el mercado. ¿Conserva todos los artículos diarios además de los telegramas? ¿Qué tipo de exámenes, en el caso de que tenga, hace antes de resolverse finalmente a invertir en un valor? ¿Podría remitirme ejemplos de algunos que haya hecho?

R: Observar el mercado no es dificultoso. Lea las tablas de valores diarias. Personalmente, soy un chartista mental y fundo mis decisiones en sentimientos más que en datos fríos y técnicos.

P: Una pregunta más y acabo. Yo manejo los niveles de altura (all-time highs: récords históricos, niveles más altos de cotización) que surgen en Stephens Chart. ¿No se debería tener en reparo los fraccionamientos anteriores, es decir, en cuanto a un valor que se reproduce a lo largo del año? Sólo porque no se haya duplicado un valor, no representa que no lo haya hecho para los poseedores (sus accionistas) antes de su fraccionamiento. Ellos tienen posiblemente dos o tres veces más valores, así que para ellos en realidad se ha duplicado y podrían ser la mayoría de los habientes.

R: Todos los exámenes toman en consideración los fraccionamientos de valores y, cuando miras el precio ajustado, la historia del valor lo refleja y convierte. En realidad, no es significativo cuántas veces se fraccione un valor para decidirse a adquirir, conservar o vender.

P: En primer lugar, ¿Qué cree por volumen bueno y constante y cuál sería una pauta mínima? ¿Siempre es preciso esperar al tercer día consecutivo de un gran aumento en un valor para ejecutar la compra y, si es así, cómo puede esgrimirse la orden de stop de compra para sacarle el máximo de provecho? ¿A cuánto por debajo del precio de adquisición debería establecerse la pérdida limitada?

R:No se halla una respuesta claramente concretada para un volumen bueno y constante, ya que depende por completo del historial del valor. 1. Si, por ejemplo, se ha maniobrado en un valor durante un largo periodo de tiempo, con 4.000 - 5.000 acciones diarias y de repente su volumen de transacciones aumenta hasta 20.000 - 25.000 acciones diarias, para ese valor el volumen último es bueno y continuo, siendo una tentativa clara de un cambio en el comportamiento. 2. Nunca es preciso esperar al tercer día consecutivo del gran aumento del valor para efectuar una compra. Mis compras se crearon en el momento del gran ascenso. 3. Instituí mis pérdidas limitadas a una fracción por debajo del techo a través del cual el valor se abrió paso. Di ordenamiento a mi agente de bolsa para que instituyera esta orden de pérdida limitada inmediatamente después de la adquisición del valor.

P: Me concerniría pretender jugar a corto plazo, como usted hizo, y me gustan SCM, Sperry Rand, General Instruments, Hecla y algunos otros de la electrónica que están procediendo perfectamente ahora mismo. Sin embargo, soy tan principiante que en realidad no sé si debería jugar con tan poco conocimiento.

R: Si fuera usted, perseguiría su propio consejo. Rara vez he visto principiantes que dominen el arte del juego a corto plazo, como usted lo llama.

P: Hay algo que me complica con respecto a su libro y es la parte donde se dice que las cajas se amontonan como pirámides. Lo he probado pero no lo entiendo. ¿Podría explicármelo o, mejor aún, situarme un ejemplo? El ejemplo seria lo mejor porque, como dice el dicho, "Una fotografía vale más que mil palabras".

R: La expresión de que las cajas se apilan como pirámides es puramente descriptiva. Se representa a las sucesivas oscilaciones de transacciones (yo les llamo cajas) en un valor que se mueve hacia arriba. Seria así:

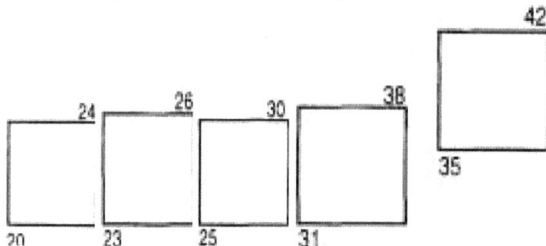

P: Tampoco entiendo dos puntos más del libro y me gustaría que me los explicara:

1. En cuanto al establecimiento de los stops de venta para limitar las pérdidas del stop de compra, ¿Sigue subiendo el precio de la orden de perdida limitada una

vez que el valor se ha abierto paso por el límite de la caja superior y va camino a una caja consiguiente o lo conserva en un nivel bajo, es decir, el nivel señalado cuando se realizó la compra inicial?

2. Su referencia a los 5.000 $ como la cantidad precisa para comenzar en el juego del mercado me desmoralizó bastante ya que entonces sólo podíamos admitirnos perder unos 1 .Ooo $. Sabiendo que eso significa operar adquiriendo paquetes pequeños (más la comisión extra), ¿Quiere decir que usted sugeriría no empezar a jugar hasta que una persona se pudiera permitir la cifra de 5.000$?

R: 1 .La manera correcta en cuanto a las órdenes de pérdida limitada es la siguiente: cuando un valor se abría paso a una caja superior, yo dejaba la orden de pérdida limitada al mismo nivel hasta que el valor hubiera determinado el nivel superior e inferior de la nueva caja.

Cuando el nivel inferior de la nueva caja se instituía con seguridad, subía la orden de perdida limitada anterior hasta una fracción por debajo del límite inferior de la nueva caja.

2. Disponiendo sólo de 1.000 $, no habría jugado jamás.

P: Tengo un par de preguntas y espero que tenga tiempo para responderlas:

1. ¿Si una caja se establece en 36 1/2 - 41, la siguiente superior tiene como limite inferior un 41?

2: ¿Me podría sugerir para transponer la teoría de las cajas al mercado de productos? Le anexo el registro de noviembre de soja y tengo la esperanza de que usted pueda hallar un ratito libre para establecer las cajas, empezando por el 27 de diciembre.

R: 1. Primero, nunca he estado seguro de que preexistiera una nueva caja. Sin embargo, si un valor se salía fuera de su caja, esperaba hasta que se instituyera una nueva caja y sólo entonces podía ver cuál sería el límite inferior de la nueva caja. Pero eso nadie podía adivinarlo.

2. Nunca he maniobrado en el mercado de productos.

P: ¿Guardaría U. S. Steel o vendería con pérdida en este momento? A mi edad, no puedo admitirme pérdidas a no ser que sea definitivamente necesario ni tampoco puedo esperar un largo periodo de tiempo a que el acero se recupere. Inquirí a mi agente de bolsa, que seguramente es lo más honesto que puede llegar a ser un agente de bolsa, hasta dónde especulaba el que podía llegar U. S. Steel y calculó que alrededor de 75. No es que fuera impresionante pero sería una ganancia de capital buena para mí. Me doy cuenta de que la actitud de muchos espectadores financieros es bajista, pero el mercado sigue subiendo y la propensión principal parece ser alcista en un futuro.

R: Nunca habría adquirido U. S. Steel. Solo creo en valores en alza; U. S. Steel no es un valor en alza ni la industria siderúrgica es un sector en expansión.

P: Me sentía hondamente intrigado por su sistema. Sin embargo, tengo una pregunta. Asevera que son precisas tres penetraciones en la caja siguiente antes de que la adquisición sea válida. Me parece que usted instruía su "orden stop de compra" después de que la segunda penetración llevara a efecto la disposición. ¿Es una suposición exacta? Si no es así, por favor, explíquemelo.

R: Mis disposiciones stop de compra las instituía antes del gran ascenso y estaban una fracción del nuevo nivel. Las órdenes se llevaban a cabo de manera automática y, después de esto, las órdenes de pérdida limitada ingresaban en juego a una fracción por debajo del nivel antiguo.

No eran precisas tres penetraciones fraccionarias.

P: En su libro, eligió valores cuyo nivel más alto en ese año era al menos el doble del más bajo. Los valores restantes eran (paja) y los ignoraba. Aun así, en la página 183, eligió Control Data a 51 1/4, siendo el nivel bajo de 36 a lo largo del año. También adquirió a $62^{1/2}$, que es nada menos que el doble de 36. Por favor, explíqueme. En valores elevados, hay periodos frecuentes de toma de beneficios que descenderán al valor a una (caja) inferior. En esos asuntos, ¿Son vendidos los valores y luego los vuelve a adquirir si suben de nuevo a la parte superior de la "caja"? Por otro lado, ¿Cómo puede diversificar la toma de beneficio del final del paseo?

R: Los niveles altos y bajos anuales surgen en los periódicos hasta el 31 de marzo y hacen referencia al año anterior y al año actual. Seguro que ha estado mirando en una tabla de valores de después del 1 de abril. La toma de beneficios en un valor visiblemente en alza corrientemente provoca la caída del precio a la mitad inferior de su nueva caja, sin volver a su caja anterior.

Sin embargo, si ocurre en la forma en que lo ha descrito, mi actitud sería vender con pérdida limitada esgrimiendo un Stop de venta y comprar el valor de nuevo con una nueva cotización sin antecedentes.

P : La idea de formar cajas parece ser buena, aunque no he tenido ocasión de probarla aún.

Instituir órdenes de pérdida limitada no es nada desconocido, arriba o abajo, pero lo que no concibo es que se instituya tan cerca del precio actual del valor en el mercado. Una orden stop de 1/2 o 1 punto es inútil como amparo de la orden ya que la orden se elaboraría 9 veces de 10 que fuera establecida.

R: En un examen al azar, es normal considerar que una orden de pérdida limitada muy estrecha es demasiado peligrosa e inservible. Sin embargo, en los casos que narré, también expliqué que nunca fueron instituidas dentro de una caja, sino que siempre se instituyeron o,

1. Inminentemente después de una gran subida, en la parte superior (en cuyo caso la pérdida limitada se instituyó justo debajo del punto superior del avance) o,

2. Una fracción por debajo del nivel inferior de una caja, donde se elaboraba cuando el valor transfería el punto más bajo de este nivel inferior.

P: He querido utilizar su método de extraer valores de la paja y me he encontrado con dificultades. Su libro describe las oscilaciones de arriba hacia abajo de unos valores dados y cómo establecer los límites superiores e inferiores de esos valores. Sin embargo, en los ejemplos utiliza números redondos y rara vez las evaluaciones de los valores se ajustan a números enteros. Con las oscilaciones de arriba hacia abajo en fracciones, aunque algunas cotizaciones tienen el mismo número entero con leves diferencias de fracción, no puedo decidir si debo utilizar la cotización más baja con fracción o no. Todo me resulta muy complejo. Me interesa saber si puede o no aclarar mi problema de determinación.

También me gustaría estar al tanto de cómo se afronta a la selección de valores en la Bolsa Americana, ya que los niveles anuales superiores e inferiores no se tasan para esa bolsa en los periódicos que recibo en Detroit, sólo tasan los de la Bolsa de Nueva York.

R: Sólo con el intento de explicar mi teoría de las cajas, he utilizado cifras redondas, porque proveía su entendimiento. Por supuesto, los valores no actúan con números redondos.

En algunos periódicos, no se marca el nivel superior y el inferior de los valores en la Bolsa Americana. Sin embargo, siempre puede hallarlo en el Wall Street Journal o en el New York Times.

P: He asimilado su técnica de inversión pero no he sido capaz de emplearla a las operaciones en la Bolsa de Valores de Johannesburgo, especialmente porque no hay bastantes estadísticas disponibles y, en especial, la más importante, que es el volumen por acción individual.

R: Mi práctica me dice que las reglas precisas para seguir mi procedimiento son sólo útiles en las Bolsas Americana y de Nueva York. Ni siquiera sirve la Bolsa de Londres. Sin los elementos siguientes no tendría ocasión de aplicar mi enfoque:

a.Niveles de cotización históricos más altos.

b.Niveles superiores e inferiores durante los últimos dos o tres años.

c. Fluctuaciones de precio y volumen semanales de los últimos cuatro O seis meses.

P: No comprendo cómo puede revisar a la vez las tablas estadísticas del Big Board y el Amex en 15 minutos. Si sólo la tabla de Amex en el Barron's tiene cinco páginas.

R: Examinaba las dos tablas estadísticas, el Big Board y la de la Bolsa de Valores Americana, en 15 minutos de esta forma: sólo tenía que examinar las siguientes evaluaciones:

a. La tendencia del mercado general que marcaba el índice del Dow Jones Industrial Average (o el índice de la Bolsa de Nueva York y el índice de los Standard & Poor's 500).

b. De seis a ocho valores de cada una de las tres o cuatro industrias que me concernían para ver cómo se sobrellevaban estas industrias en relación con la tendencia general del mercado.

(Nota del Editor: Hoy por hoy, los sistemas informáticos y la abundancia de información de precios y otros indicadores permite el manejo del métodos del Sr. Darvas en casi cualquier Bolsa de Occidente)

c. Los cambios de precio de aquellos valores que tenía o por los que estaba interesado.

d. Una visión general de la página de valores en busca de un precio inusual o un cambio de volumen de viables candidatos nuevos. Mientras que para el ojo no adepto, estos puntos no son nada innegables, para los ojos acostumbrados a ver día tras día las mismas tablas de valores, los cambios inusitados parecen bastante obvios.

1 .Fui al parqué de la Bolsa de Valores de Nueva York y, según mi opinión, establecer una pérdida limitada 3/4 por debajo de su precio de adquisición puede dar como efecto casi de manera inalterable que el valor sea adquirido por un operador o experto de la sala, en caso de no ser un miembro del público. (Las reglas nuevas podrían facilitar esto).

2. El límite superior de una caja está lo adecuadamente establecido con tres intentos sucesivos para penetrar en una superior con el resultante establecimiento de ésta, o son bastantes dos intentos? En otras palabras, ¿Cree la subida establecida durante el primer día como el primer intento?

3. Para instituir el Límite inferior de la caja, ¿Son precisos tres intentos de penetración después de que se haya elaborado un descenso o tres intentos incluido el día del descenso?

4. Puede instituirse el límite inferior de la caja a la vez que el límite superior, como por ejemplo 41_____

36 1/2 _____

o el Límite inferior se instituye sólo después de que se haya establecido claramente el superior, como dijimos, "en los días siguientes"?

5. ¿Ineludiblemente el Límite inferior de la caja nueva es el superior de la antigua? Por favor, observe el gráfico adjunto de General Cable donde aparece que el límite inferior de la caja nueva podría expeditamente ser mucho mayor del límite superior 73 de la caja antigua.

6. ¿Confía usted (a) aumentar la perdida limitada tan pronto como se prevalezca el limite superior de la caja donde se adquirió; (b) esperar hasta que los límites superiores e inferiores de la capa nueva están bien determinados; o (c) esperar hasta que se instituya una segunda caja superior?

7. Cuando la subida histórica se emplace ligeramente sobre la caja superior, ¿Instituiría la orden stop de compra a 1/8 sobre la subida histórica y la orden de pérdida limitada a 1/8 bajo el Límite superior de la caja?

8. Si es sólo abril, ¿Echaría una ojeada a las subidas y descensos del último año para establecer si el valor ha duplicado su valor o usaría sólo las de este año?

R. Instituir una pérdida limitada a 1/4 por debajo del precio de compra dará como efecto una venta rápida, por eso nunca he determinado una orden stop (ni de compra ni de venta) dentro de una caja.

2 y 3. El Límite superior de una caja se instituye cuando el valor no toca o penetra durante tres días sucesivos en un nivel superior nuevo anteriormente determinado, lo cual también sirve, pero a la contraria, para el límite inferior de la caja.

4. A la vez no se puede, aunque si se puede en el mismo día inclusive en la misma hora. Éste era un caso extrañamente raro.

5. El límite inferior de una caja nueva no tiene que ser forzosamente el superior de la caja antigua y sólo puede instituirlo el valor, no una predicción.

6. Siempre he esperado hasta que los límites superior o inferior de la caja nueva siguiente estuvieran bien determinados. Tan pronto como sucedía esto, instituía las órdenes de pérdida limitada una fracción bajo el Límite inferior nuevo.

7. Cuando la subida histórica se halla sobre una caja superior, yo establecía mi orden de compra a 1/8 sobre la subida histórica y la orden de pérdida limitada bajo su subida histórica.

8. Cuando sólo es abril, siempre he examinado los niveles superiores de dos años.

P: Al asimilar el contenido de su libro, he llegado a la consumación de que usted registraba gráficamente sus valores. Puedo errar el tiro por completo, pero esa es la opinión que me ha dado. Si usted registra gráficamente sus valores, ¿Que variedad de gráficos utiliza, un gráfico vertical lineal o un gráfico de puntos y cifras?

R: Fui lo que podría citarse un chartista mental. Puesto que solo me han interesado varios valores al mismo tiempo tenía claro en la mente los movimientos y valores de estos. Rara vez miraba gráficos de valores, aunque los creía una herramienta de valor para aquellos que los empleaban.

P: Ciertas subidas pueden ser debidas a transacciones sobre fusiones de empresas, hallazgos petrolíferos, etc: ¿Suele pensar las posibilidades de fusión, licitaciones, etc. para conseguir ganancias a corto plazo?

R: Los modelos citados, que demuestran un ascenso en el precio de ciertos valores podrían deberse a contextos a corto plazo principalmente y, de esta forma, no se hallan en mi método tecno-fundamentalista, que está fundado en un aumento a largo plazo de cierto grupo industrial y, en específico, el valor más fuerte del grupo. Si busca lucros a corto plazo, puede llegar a convertirse en un operador, otro rumbo del mercado que yo no recomiendo.

ANEXOS

Los dos años de gira mundial como bailarín exigieron a Darvas a fiarse exclusivamente en los telegramas como medio de información entre él y Wall Street. A pesar de los muchos inconvenientes en que se vio encerrado, resultó ser un elemento importante en la mezcla de técnicas de inversión que le condujo al triunfo final en el mercado de valores. Lo que aparece a continuación son calcos de telegramas reales que exponen cómo pudo efectuar las operaciones del mercado de valores desde cualquier parte del mundo. Se circunscriben ejemplos típicos de las diferentes fases de estas transacciones.

Una vez que Darvas dio ordenamiento a su agente de bolsa con respecto a qué valores pretendía que le cotizara, sólo serían precisas las iniciales de los nombres. Esta especie de código en los mensajes presumió frecuentes dificultades personal de las oficinas de telégrafo. El telegrama superior lo recibió en Karachi, Pakistán, comunicándole que su agente de bolsa había realizado una orden stop de compra. Al mismo tiempo, se apuntan los precios más altos y bajos en el instante de cierre del día de los demás valores por los que Darvas también estaba interesado – THIOKOL CHEMICAL, POLAROID, UNIVERSAL CONTROLS y LITTON INDUSTRIES. Cuando Darvas instituía una orden de compra, habitualmente daba el nombre completo del valor. En el telegrama inferior, de Phnompenh, Indochina, notificó una orden abierta hasta nueva orden de 500 acciones de CENCO INSTRUMENTS a $7^{1/4}$ y 200 LORILLARD a $31^{1/4}$. En ambos casos, contuvo de manera automática las pérdidas limitadas ($6^{1/8}$ y $29^{5/8}$, respectivamente), como solía hacer. Además, avisó a su agente de su próxima dirección y le pidió los precios de cierre de CENCO, HERTZ, THIOKOL y LORILLARD.

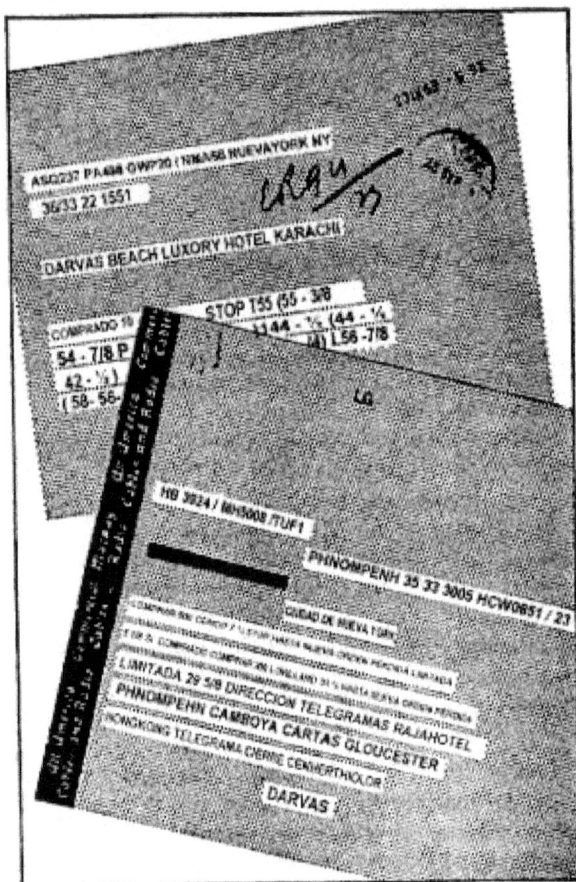

Gracias a la pérdida limitada automática que guardaba a cada una de las órdenes de compra, Darvas a menudo entraba y salía de un valor el mismo día. En el primer telegrama, recogido en París, se le avisó de que se habían adquirido 500 acciones de un valor y más tarde se vendieron cuando el precio se desplomó a su punto de perdida limitada de 53 7/8. Se le ratificó otra compra y se le suministraron las cotizaciones de ese día de BOEING, LITTON INDUSTRIES y algunos otros valores. La última cifra simboliza el índice Dow Jones de Valores Industriales de ese día de forma compendiada. Darvas asiduamente cambiaba o derogaba órdenes sobre la base de las cotizaciones diarias. En el telegrama central, desde Naboya, Japón, dio ordenamiento a su agente de bolsa para que acrecentara la cantidad de una orden previa de DINERS' CLUB. Más tarde, canceló por completo esta orden en específico. Además de los telegramas diarios, el único empalme de Darvas con Wall Street era Barron's, que se le remitía vía aérea periódicamente justo cuando se publicaba. El último telegrama, desde Saigon, Indochina, refleja su total dependencia del recibo de esta publicación.

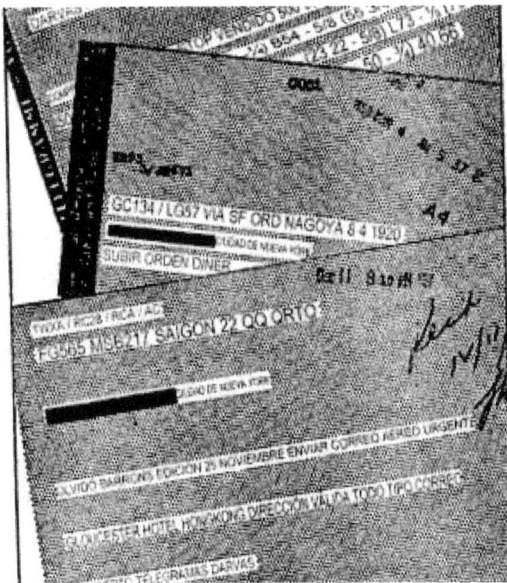

Darvas siempre temió que se perdiera por el camino un telegrama de trascendental importancia que solicitara una actuación inmediata, problema que solucionó al darse cuenta de que podía dar ordenamiento a su agente de bolsa para que remitiera copias del telegrama tanto al aeropuerto donde haría escala como al hotel al que se dirigiría.

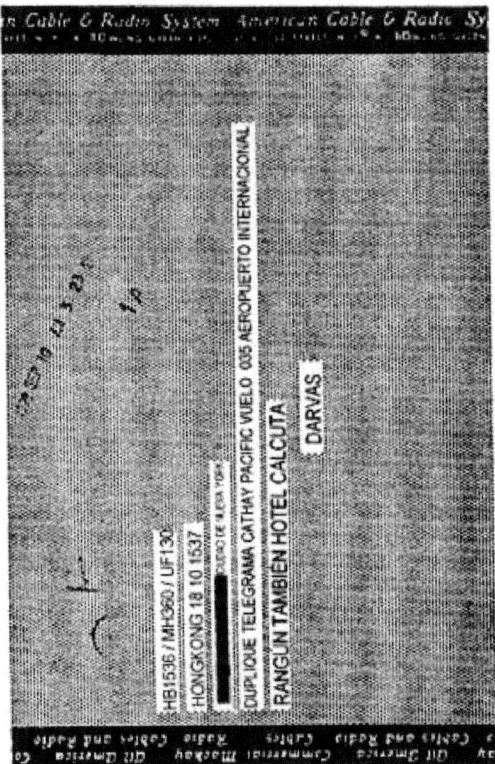

Una orden stop de compra no siempre puede llevarse a cabo con el equivalente precio para un número integral de acciones. Según el mercado, la adquisición se realiza en paquetes de cien a precios que varían emprendiendo por el precio de compra desarrollado o por encima de éste.

Según este telegrama recogido en Katmandú, Nepal, la orden de Darvas por *500* PARMELEE TRANSPORTATION se elaboró a dos precios diferentes: *400* acciones a *33* $^{1/2}$ y *100* a *33* $^{3/4}$. El valor se había cerrado a *34* $^{1/8}$, con una oscilación entre *34* $^{1/2}$ y *32* $^{5/8}$. Darvas dice que este telegrama es originalmente ilegible comparado con muchos de los mensajes escritos a mano que tuvo que ir a buscar a la Embajada India, donde se hallaba el Único vinculo telegráfico con el mundo exterior. Las cotizaciones de ese día de PARMELEE, THIOKOL, UNIVERSAL CONTROLS, FAIRCHILD CAMERA y LITTON INDUSTRIES están lo adecuadamente claras, pero, con respecto al ultimo de los valores, Darvas no puede identificarlo ahora, aunque en su tiempo seguro que sabía qué se presumía que era.

Primero Darvas se concernía por un valor en específico sobre la base de sus movimientos inspeccionados en el Barron's.Ya que esta publicación tardaba unos días en llegarle, precisaba ponerse al día por medio de telegramas afines con la actividad más reciente del valor.

En Hong Kong se dio cuenta por primera vez de la cuantía inusual de operaciones en el valor de una pequeña compañía, por lo que, desde allí, remitió un telegrama pidiendo "las oscilaciones y precio de cierre de esta semana de E. L. BRUCE". No podía desconfiar entonces que esta enunciación exacta del valor basada puramente en motivos técnicos fuera a dar como efecto un beneficio de casi 300.000 $.

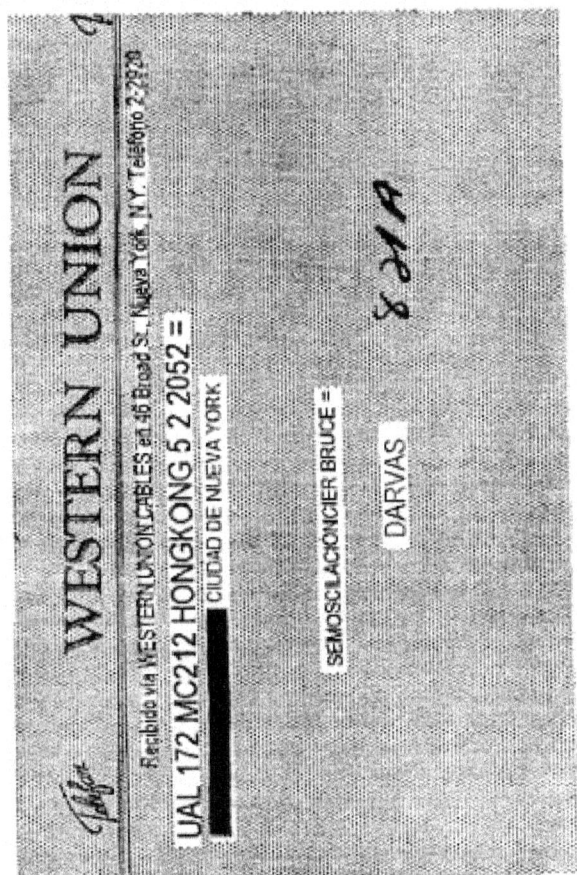

Una vez que las cotizaciones diarias de un valor exponían a Darvas que éste se ajustaba al discernimiento que exigía su teoría, por lo general hacía una pequeña compra piloto. De hecho, sólo cuando efectivamente poseía las acciones podía apreciar los movimientos de los valores. Ya que su agente de bolsa tenía ordenamientos globales de Darvas para manejar todas las órdenes stop hasta nueva orden, él a menudo tenía que instituir una "orden del día" especial para que se llevara a cabo una adquisición piloto. Estas cortas palabras desde Nueva Delhi, que encomendaban 200 acciones de THIOKOL CHEMICAL a 47 $^{1/4}$, se tasarían casi en un millón de dólares. Dicha compra piloto condujo a la venta final de las riquezas de Darvas con respecto a este valor sólo, por más de 1.000.000 $.

En este telegrama, Darvas también aprovechó la ocasión de aumentar la cantidad de una orden de UNIVERSAL PRODUCTS, para abolirla poco después debido a que pensó que no era el momento conveniente. Cuatro semanas después adquirió 3.000 acciones de este valor. La ultima petición requería las oscilaciones de la semana anterior de EASTERN STAINLESS STEEL.

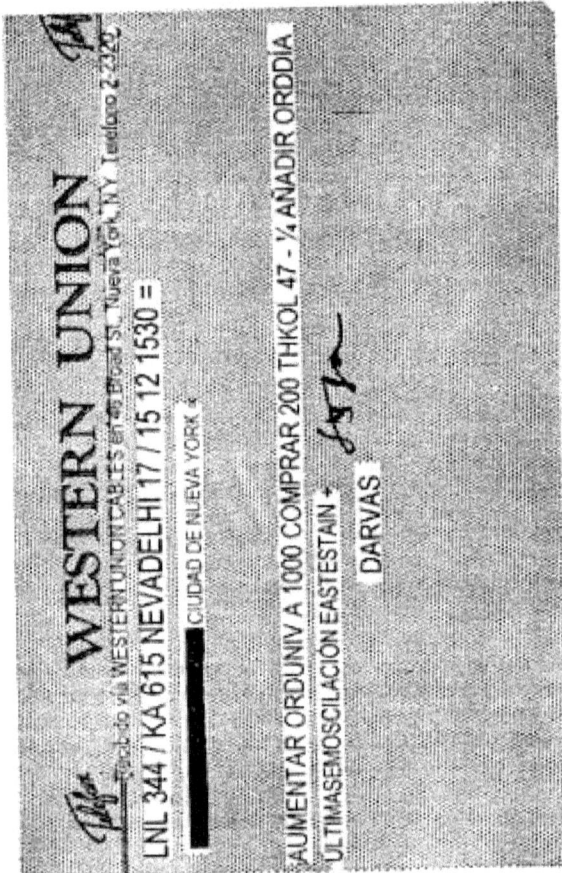

Después de la adquisición piloto en un valor, si la propensión de los precios que él buscaba seguía de manera sistemática, Darvas seguía adelante con compras adicionales. En este telegrama desde Kobe, Japón, remitió su tercera orden para adquirir otras 200 acciones de LORILLARD. Las compras de Darvas en este valor constituyeron la piedra angular de la pirámide de inversiones que iba a desarrollarse hasta más de 2.000.000 $ en los próximos dieciocho meses.

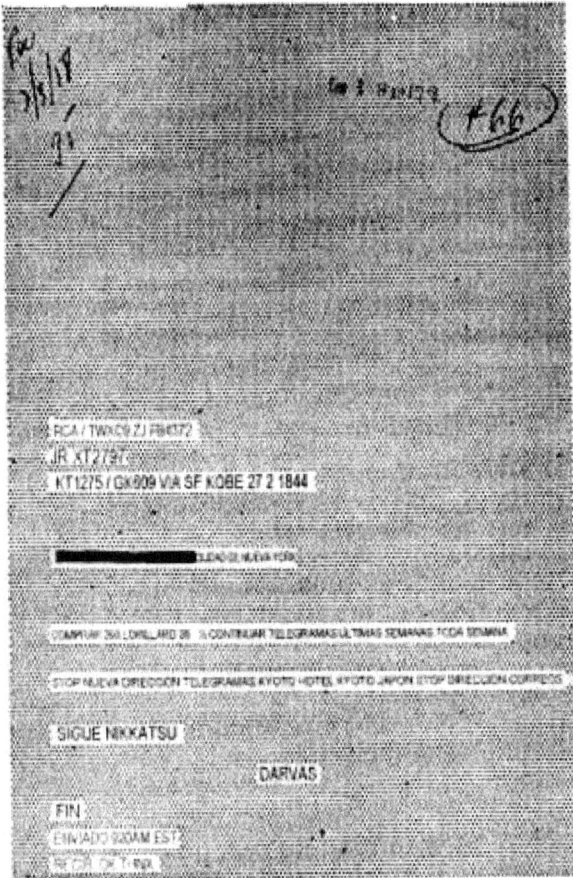

A medida que su capital progresaba, lo mismo sucedía con la cantidad que Darvas invertía en cualquier valor una vez estaba seguro de él. Después de una adquisición piloto de 300 acciones de UNIVERSAL PRODUCTS a 35 $^{1/4}$, Darvas se sintió lo adecuadamente satisfecho con el movimiento continuo de este valor inexplorado como para ejecutar una segunda compra de 1.200 acciones. Este telegrama le comunicó que su orden stop se había llevado a cabo al precio indicado de 36 $^{1/2}$ y le daba la oscilación y cierre del día de UNIVERSAL. También se mostraban las cotizaciones de HUMBLE OIL, EASTERN STAINLESS STEEL, LITTON INDUSTRIES, THIOKOL y FAIRCHILD CAMERA. Al ultimo valor sólo le afecta el "28", ya que el 3,58 simboliza al índice de Dow Jones de 503,58.

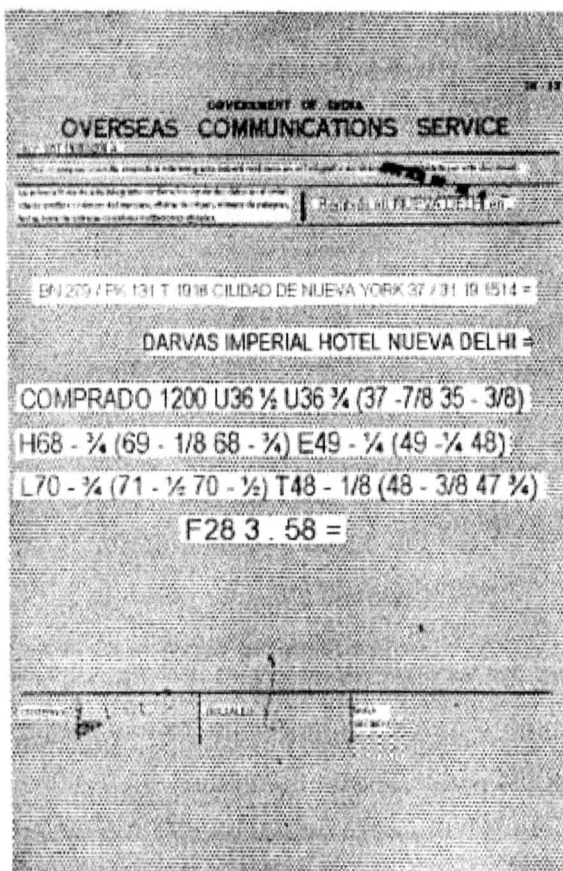

GOVERNMENT OF INDIA

OVERSEAS COMMUNICATIONS SERVICE

BN 209 / PK 131 T 1918 CIUDAD DE NUEVA YORK 37 / 31 19 1514 =

DARVAS IMPERIAL HOTEL NUEVA DELHI =

COMPRADO 1200 U36 ½ U36 ¾ (37 -7/8 35 - 3/8)

H68 - ¾ (69 - 1/8 68 - ¾) E49 - ¼ (49 -¼ 48)

L70 - ¾ (71 - ½ 70 - ½) T48 - 1/8 (48 - 3/8 47 ¼)

F28 3 . 58 =

Tras la inversión en un valor, Darvas siempre estaba pendiente de cambiar el stop de venta a medida que el valor de la acción remontaba. La correlación entre el precio y el punto del stop de venta era manejable ya que dependía de muchos factores variables.

Se hallaba en Hong Kong a principios de abril de 1958 cuando comenzó a sentirse molesto con respecto al comportamiento de DINERS'CLUB el cual, hasta entonces, había estado subiendo de forma constante.

Mediante este telegrama instituyó una estrecha para su stop de venta que le suministró un beneficio considerable justo cuando este valor dio un giro imprevisto y drástico para mal.

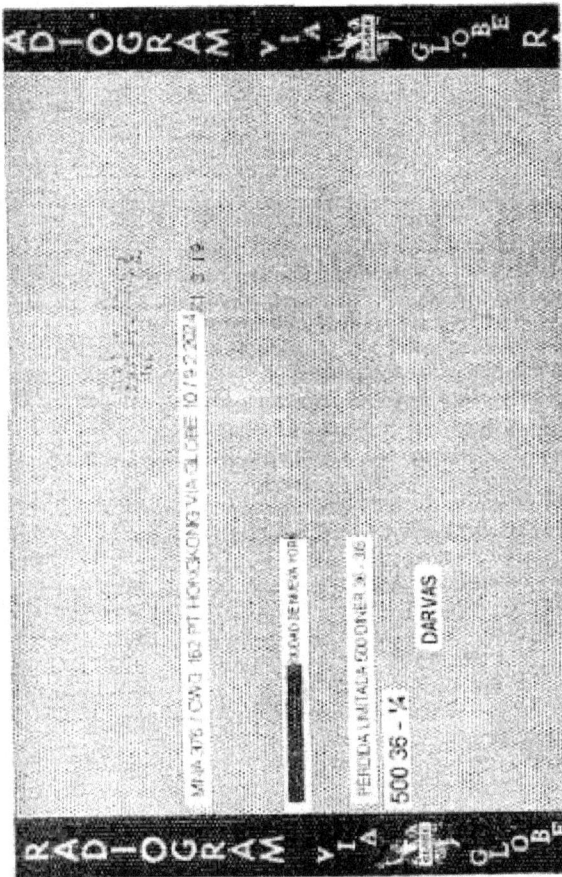

En las páginas que siguen, el CONSEJO DE INVESTIGACI~N AMERICANO presenta una serie de gráficos, especialmente confeccionados para nosotros, de los precios y volumen semanales de los principales valores que causaron a Nicholas Darvas el embolso de 2.000.000 $ netos. Aunque Darvas almacenó esta cantidad en poco más de 18 meses, nosotros contenemos el registro de un periodo de tres años, desde 1957 a 1959, para exponer el historial de los movimientos de cada valor tanto antes y después como durante el tiempo que Darvas los tuvo. Además, las notas explicativas de nuestros editores reflejan el raciocinio que condujo a la deliberación de Darvas de cada uno de los valores, el momento pertinente para las compras y su uso del móvil de pérdida limitada, fundado en su teoría tecno-fundamentalista que se expone a lo largo del libro. Los gráficos están preparados en el orden en que los valores son aludidos en el libro para que el lector pueda seguir más sencillamente la secuencia de las transacciones de Darvas tal como ocurrieron.

LORILLARD

Darvas solicitó las cotizaciones diarias de este valor tras observar el súbito aumento de volumen en (A) cuando "comenzaba a surgir como una baliza en un pantano de valores naufragados". Adquirió las primeras 200 acciones de LORILLARD a 27 $^{1/2}$ (B) con una estrecha pérdida limitada de 26. Varios días más tarde, una caída imprevista (C) desencadenó esta pérdida limitada y se vendió.

La subida inmediata que siguió a esto persuadió a Darvas de que su primer cálculo era correcto, por lo que adquirió de nuevo las 200 acciones a 28 $^{3/4}$ (D).

A medida que las "cajas" se apilaban, Darvas compró otras 400 acciones a 35 y 36 $^{1/2}$ (E). El valor subió ágilmente a una nueva altura de 44 $^{3/8}$.

Una caída repentina a 36 $^{3/4}$ el 18 de febrero le espantó y subió la pérdida limitada a 36. Ésta no se originó y, como tomó impulso de inmediato, adquirió su último paquete de 400 acciones a 38 $^{5/8}$ (F).

Ya que LORILLARD seguía con su impresionante subida tanto en precio como en volumen, Darvas se sintió muy tentado a vender para lograr un beneficio rápido. Sin embargo, cumplió con uno de los principios básicos de su teoría: "No hay motivaciones para vender un valor ascendente", y cambió la pérdida limitada a una distancia segura por debajo de su altura.

Salvo por la contingencia de que, con una pérdida limitada tan estrecha, podía haberse vendido en junio cuando se originó una repentina caída a 53 $^{3/8}$, Darvas podría haber seguido expeditamente con LORILLARD en una subida fenomenal hasta los 80 de finales de año.

Sin embargo, en mayo se concernió demasiado por los movimientos de otro valor para el cual precisaba todo el capital que pudiera obtener. Y por esta razón vendió sus 1.000 acciones de LORILLARD a principios de mayo a 57 $^{3/8}$ (G) por un beneficio considerable de 21.000 $.Ahora estaba preparado para invertir en E.L. BRUCE.

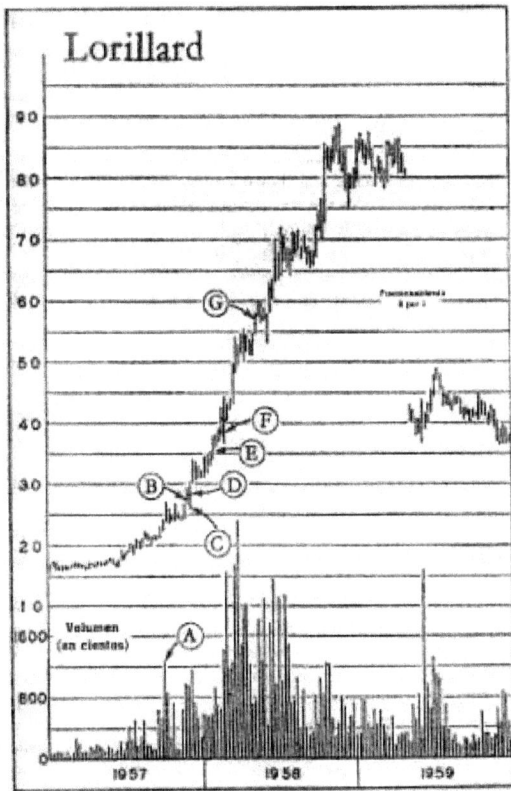

Lorillard

DINERS' CLUB

Aunque este valor expuso una predisposición de precios al alza durante la primera mitad de 1957, esta subida no vino conducida por un aumento de volumen. Sólo en (A), cuando, tras un fraccionamiento de 2 por 1, se originó un salto brusco y súbito en el volumen, Darvas se concernió realmente por DINERS' CLUB. Descubrió que la compañía era precursora en un campo nuevo con una definida predisposición ascendente en la escala de rendimiento. Orgulloso con este punto "fundamental", adquirió 500 acciones a 24 $^{1/2}$ (B). Como el valor seguía ascendiendo, en unos días siguió adelante con otras 500 a 26 $^{1/8}$ (C). Observó satisfecho cómo se desplegaba el criterio de las "cajas" formando una pirámide, todo acompañado de una subida excepcional en el volumen de transacciones. A medida que remontaba el precio, sucedía lo mismo con su pérdida limitada, a 27, luego a 31. Tras lograr un nuevo punto de 40 $^{1/2}$, de repente, a Darvas le pareció que el valor "había perdido su ambición de subir, parecía como si la última pirámide estuviera a punto de invertirse, parecía estar casi dispuesta para caer". Temiendo el derrumbe, Darvas subió la pérdida limitada a 36 $^{3/8}$. En la cuarta semana de abril, "tuvo lugar el evento en contra del cual me había asegurado". DINERS'CLUB se derrumbó en picada y Darvas vendió el valor a (D), con un beneficio de más de 10.000 $.

Había procedido basado en motivos meramente técnicos, sin ser consciente en absoluto en ese instante de que American Express estaba a punto de meterse en el terreno de las tarjetas de crédito en lucha directa con DINERS' CLUB. El instante tan oportuno de esta triunfante operación acabó por ratificarle la exactitud del enfoque técnico de su método.

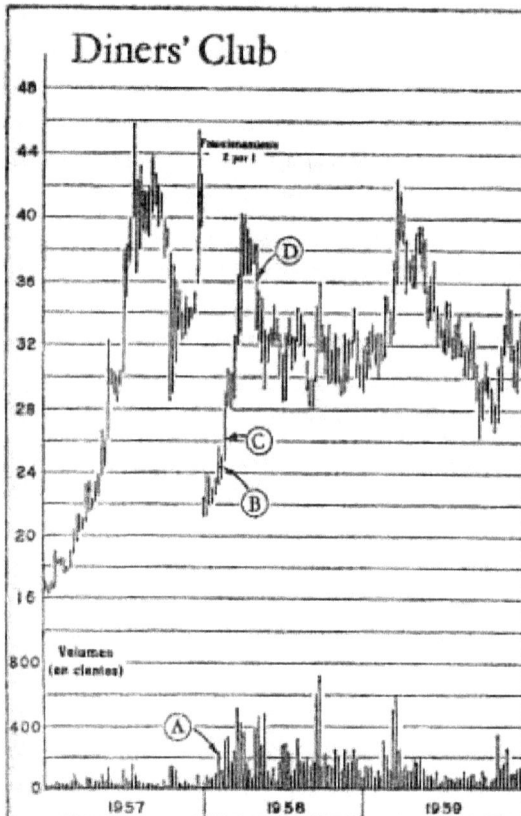

E. L. BRUCE

Al mismo tiempo que tenía todos sus fondos invertidos en LORILLARD y DINERS' CLUB, de repente Darvas se percató de (A) "un progresivo provecho por un valor llamado E. L. BRUCE, una pequeña empresa de Memphis". Aunque no halló cualidades con respecto a sus cimientos, "el criterio técnico era tan concluyente que no podía quitarle la vista de encima".

A una subida sorprendente de 18 a 50 le siguió una reacción a 43 $^{1/2}$, pero al ojo experimentado de Darvas sólo le consideró "un salto temporal, un repostaje". A pesar de la falta de motivos fundamentalistas, resolvió comprar tanto como le fuera posible si sobrepasaba los 50. Totalmente seguro de que "el ritmo de ascenso seguía allí", vendió LORILLARD para disponer de todos sus fondos e invertir de inmediato en BRUCE. En un espacio de tres semanas, a finales de marzo, adquirió un total de 2.500 acciones a un precio promedio de 52 (B).

El instante oportuno, como muestra el gráfico, reflejó ser perfecto. BRUCE "comenzaba a subirm verdaderamente como si lo arrastrara un imán ... Fue espectacular". Cuando el precio alcanzó 77 "incluso desde la remota India era obvio que algo increíble sucedía en la Bolsa de valores americana". La situación era verdaderamente fantástica. Los vendedores en corto que maniobraban sobre un "valor" base pretendían desesperadamente cubrirse las espaldas. Se suspendieron las operaciones en la Bolsa, pero a Darvas le prometieron 100 $ por acción en el mercado extrabursátil. Entonces tuvo que tomar "una de las decisiones más célebres de mi vida". Repudió a vender este "valor en ascenso" y unas semanas más tarde recogió precios con un promedio de 171 por un beneficio de 295.000 $.

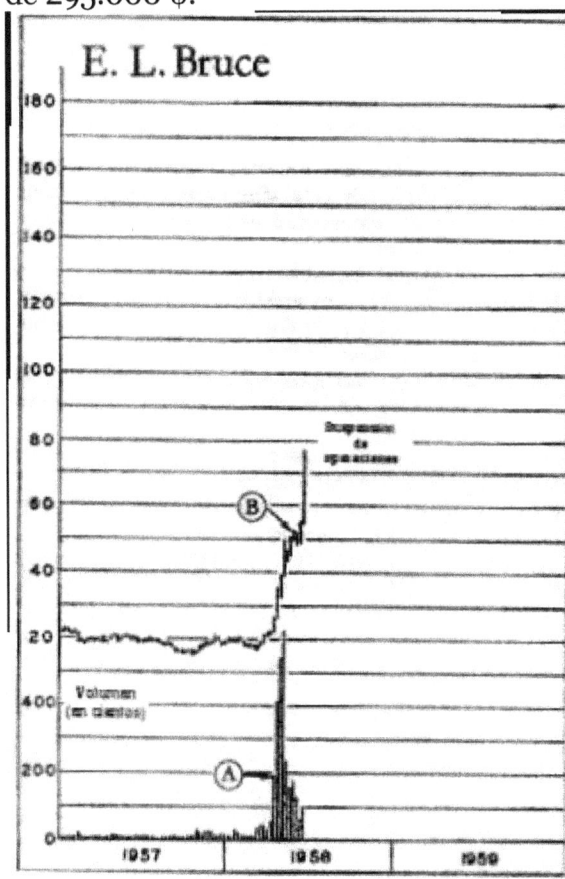

UNIVERSAL CONTROLS

"Una pequeña compañía desconocida llamada UNIVERSAL PRODUCTS" cautivó la atención de Darvas en julio de 1958, tras un acelerón súbito e increíble del volumen (A) acompañado por un precio que, por debajo de 30, subió oscilando entre 32-36. A principios de agosto ejecutó de manera prudente una compra piloto de 300 acciones a 35 $^{1/4}$ (B). Dos semanas más tarde, cuando el valor comenzó a "recuperarse", adquirió 1.200 acciones a 36 $^{1/2}$ (C). Fue subiendo y, días más tarde, adquirió 1.500 más a 40 (D). Poco después, el nombre de la compañía cambió a UNIVERSAL CONTROLS y el valor se fraccionó en 2 por 1, por lo que ahora poseía 6.000 acciones. En enero de 1959, Darvas aterrizó en Nueva York y se indujo en una serie de operaciones que casi le devastan. Favorablemente, UNIVERSAL CONTROLS actuó de forma perfecta durante este periodo, sin suponerle ni un momento de nerviosismo. Pero en marzo, algo comenzó a sucederle a UNIVERSAL que "se podía traducir en problemas, problemas que con toda seguridad llegarían". Tras 3 semanas subiendo vertiginosamente de 66 a 102, "cambió su velocidad y comenzó a ir en dirección opuesta. No me gustó en absoluto la pinta de esta caída, descendiendo como una bolsa de aire y sin señales de subida". Darvas ejecutó puntualmente lo que había hecho con DINERS' CLUB en una situación similar: acrecentó la pérdida limitada justo por debajo del ultimo precio de cierre y se vendió (E). Los precios, fluctuando desde 86 $^{1/4}$ a 89 $^{3/4}$, estaban a más de 12 puntos pordebajo de su valor más alto pero él se sentía "muy contento y no veía razones para no ser feliz. Había hecho un largo camino y... un beneficio de 409.356,48 $".

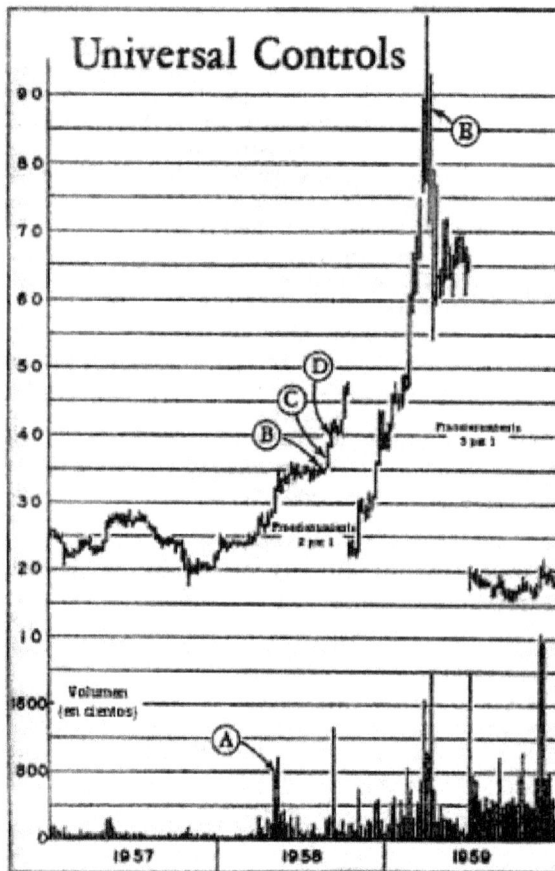

THIOKOL CHEMICAL

En Tokio, a principios de 1958, Darvas observó súbitas y fuertes transacciones en este valor tras un fraccionamiento de 2 por 1 (A). Después se conservó tranquilo durante unos meses, pero Darvas sentía esta "tranquilidad como "la calma que precede a la tempestad".

Poco después de que Darvas emprendiera a recibir sus cotizaciones diarias, THIOKOL parecía "que estaba flexionando los músculos para un salto hacia arriba" desde 45, por lo que ejecutó una compra piloto de 200 acciones a 47 $^{1/4}$ (B). Durante cuatro semanas el valor se conservó empujando hacia 50 y en (C), justo cuando Darvas entendió que estaba a punto de romper la barrera, compró 1.300 acciones a 49 $^{7/8}$.

Persiguiendo los talones a esta adquisición venía la emisión de los derechos de suscripción. En una infundida serie de transacciones que se hallan explicadas en el texto, Darvas sacó el máximo de ventajas a un crédito extraordinario que se pone a disposición cuando se maniobra con derechos. A través de la adquisición de 72.000 derechos (y la venta de sus primeras 1 S00 acciones a 53 $^{1/2}$), adquirió 6.000 acciones del valor de THIOKOL al precio de inscripción de 42 $ por acción (cuando el precio cotizado era 50). Su gasto en efectivo fue de 11 1 .Ooo $, aunque el precio de adquisición total era de 350.000 $. Tres meses más tarde (D) su agente de bolsa le telegrafió que había asumido un beneficio de 250.000 $ por su inversión en THIOKOL. Caminando, afligido por la tentación, por las calles de París, "cada fibra de mi ser parecía decirme: "Vende, vende"", pero él guardó el valor.

Por supuesto, Darvas no relegó ni por un momento subir su perdida limitada a medida que ascendía el valor, aunque con THIOKOL se consintió una mayor libertad de movimientos para no exponerse a vender en una reacción pasajera tal como sucedió en (E). La subida que siguió y que perpetuó tras el fraccionamiento de 3 por 1 de principios de mayo, destacó en su punto más alto, a 72, acompañado por una transacción tan penetrante que la Bolsa de Valores de Nueva York suspendió el uso de órdenes automáticas stop y pérdida limitada, tanto de adquisición como de venta. Para Darvas esto representaba que "me habían quitado mi instrumento más poderoso, sin la cual no podía trabajar". Vendió sus 18.000 acciones fraccionadas a un precio medio de 68 (F), por un beneficio total de 862.000 $. La disposición memorable de París, "no hay motivos para vender un valor ascendente", había merecido la pena.

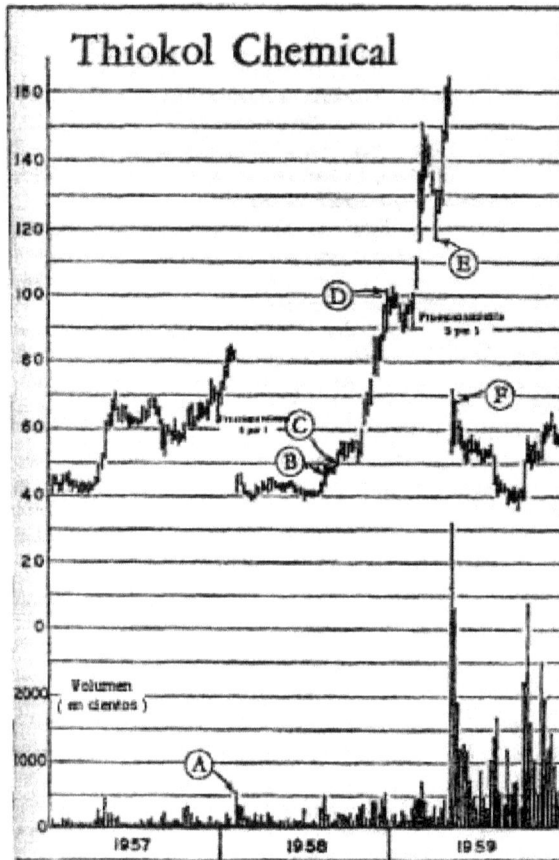

Thiokol Chemical

TEXAS INSTRUMENTS

Tras la venta de UNIVERSAL CONTROLS, Darvas "echó una ojeada al mercado detenidamente, investigando... un valor caro y de operaciones propicias" en el que invertir más de medio millón de dólares. Con esa suma tan grande entre manos, también se veía forzado a pensar la posibilidad de que su compra afectaría al mercado. Salvo por algún procedimiento ligeramente anormal a finales de 1958, TEXAS INSTRUMENTS había estado persiguiendo un ritmo invariable y ascendente durante más de un año y la velocidad de su ascenso había acrecentado concordando con una subida pronunciada del volumen (A) en octubre.

Darvas adquirió 2.000 acciones la segunda semana de abril (B) a un precio promedio de 94 $^{3/8}$. La semana siguiente, "como la actuación del valor seguía siendo estupenda", obtuvo 1.500 más a 97 $^{7/8}$ (C). En unos pocos días ejecutó su última compra de 2.000 acciones a una media de 101 $^{7/8}$ (D). El 6 de julio, TEXAS INSTRUMENTS cerró a 149 $^{1/2}$ (E) y en este instante Darvas viajó a Monte Carlo al final del capítulo 10, con un grupo nuevo de pérdidas limitadas ajustadas a algún punto por debajo de los precios de cierre de sus riquezas valoradas por más de 2.250.000 $.

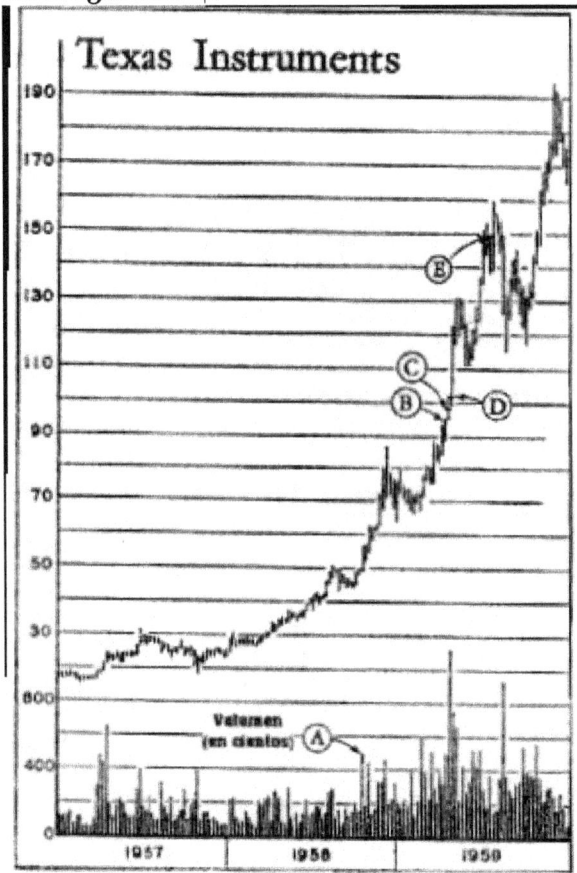

FAIRCHILD CAMERA

La venta de THIOKOL había dejado a Darvas con un capital de más de 1.000.000 $ para invertir. Como había resuelto dividirlo en dos partes, limitó su elección a cuatro valores que había estado observando mucho tiempo y que eran "todos adecuados según mis teorías tecno-fundamentalistas". Uno de los cuatro valores que perduró a la prueba de adquisición para establecer su fuerza referente en el mercado fue FAIRCHILD CAMERA. FAIRCHILD había tenido un precio muy constante a lo largo de 1957 y la mayor parte de 1958, a pesar de dos periodos de aumentos extraordinarios en el volumen de transacciones. Pero a finales de 1958 un nuevo salto en el volumen (A) se vio completado por una subida rápida y casi incesante del precio del valor, momento en el cual comenzó a interesar a Darvas.

Ejecutó su compra piloto de 500 acciones a 128 (B), cuando el valor se instituyó en la caja 110/140. Al excluir la perdida limitada arbitraria del 10 %, demasiado cerca del límite inferior de la caja, no le afligió el descenso a 110 $^{1/4}$ que tuvo lugar dos semanas más tarde.

Por el contrario, como el valor restableció su velocidad ascendente casi de inmediato, adquirió 4.000 acciones adicionales en (C) por precios que fluctuaban entre 123 YI y 127. Con sus 4.500 acciones de FAIRCHILD CAMERA, junto con ZENITH RADIO y TEXAS INSTRUMENTS, Darvas se encontraba ahora "entre bastidores, simplemente velando que mis valores siguieran el ascenso con estabilidad como misiles perfectos". Como en el final de este libro, FAIRCHILD cerró a 185 (D).

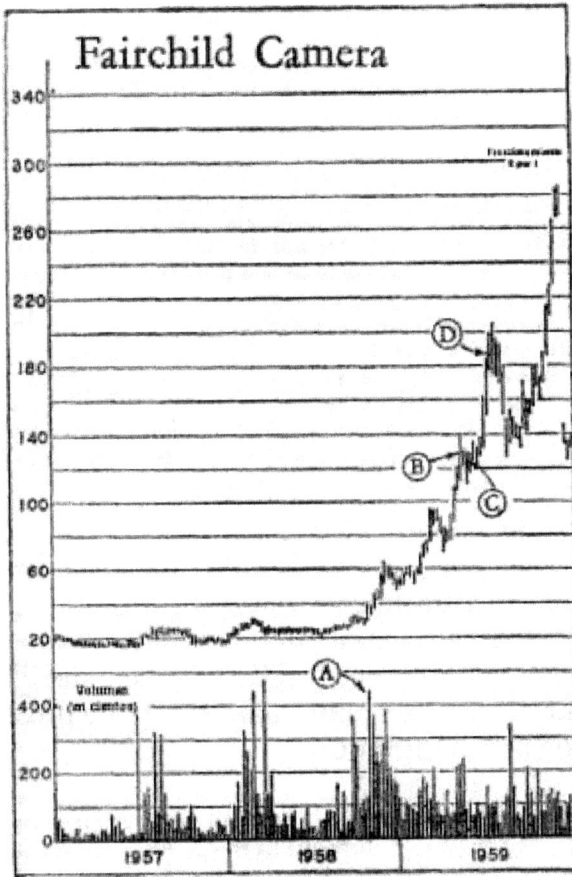

Fairchild Camera

ZENITH RADIO

Éste es el segundo de los valores en que Darvas invirtió el capital que THIOKOL le había suministrado y se diferencia mucho de FAIRCHILD en cuanto a su comportamiento anterior al instante de la inversión. En un espacio perfecto de transacciones a finales de septiembre de 1958 a este valor inadvertido ya le acompañaba un ascenso de precio increíble.

Darvas ejecutó su adquisición piloto a 104 (A) sobre la base de "cuando se haga publico", justo después de un fraccionamiento de 3 por 1. Como con FAIRCHILD, rebajó la pérdida limitada parcial del 10 % que había determinado para excluir a los valores más débiles de los cuatro que le concernían. Si la hubiera conservado ahí, se habría vendido la semana siguiente cuando ZENITH cayó a 93. Sin embargo, como el precio empezó a subir de inmediato, procedió como proyectó y compró 5.000 acciones a precios que fluctuaban entre 99 $^{3/4}$ y 107 $^{1/2}$ (B).

Después de eso, ZENITH siguió más allá con un buen ritmo y es importante mencionar que, aunque su adelanto no fue muy enfático comparado con su subida anterior al fraccionamiento, la "pequeña" diferencia entre su precio medio de adquisición de 104 y el de cierre de 124 (C) del 6 de julio, cuando se pone fin al registro, significó un beneficio a Darvas de más de 100.000 $.

Al pasar a limpio estos gráficos, nuestros editores señalaron a Darvas que su compra de ZENITH parecía decepcionante ya que la ejecutó muy tarde con respecto a su ascenso. Él lo confirmó y dijo:"Con la sabiduría que da la práctica, parece que fue demasiado tarde, pero en ese instante creí que se trataba del inicio de una nueva subida. Después de todo, sólo espero estar en lo correcto la mitad de las veces.

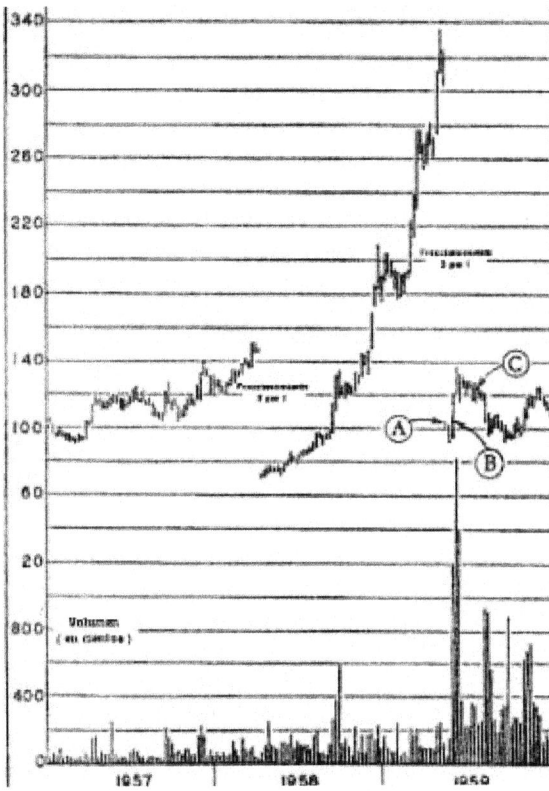

TE RECOMENDAMOS

- Piense y Hágase Rico by Napoleon Hill

- El Sistema Para Alcanzar El Exito Que Nunca Falla by W. Clement Stone

- La Ciencia de Hacerse Rico by Wallace D. Wattles

- El Hombre Mas Rico de Babilonia by George S. Clason

- El Secreto Mas Raro by Earl Nightingale

- Todo Sobre La Bolsa by Jose Meli

- La Llave Maestra by Charles F. Haanel

- How I Made $2,000,000 In The Stock Market (AUDIO CD) by Nicolas Darvas

- Wall Street: The Other Las Vegas by Nicolas Darvas

- Darvas System for Over the Counter Profits by Nicolas Darvas

- The Battle for Investment Survival by Gerald, M. Loeb

- The Psychology Of The Stock Market by G. C. Selden

- La Ley de Exito by Napoleon Hill

Disponibles en:

BN Publishing

www.bnpublishing.com

info@bnpublishing.com

BN Publishing

www.bnpublishing.com

www.ingramcontent.com/pod-product-compliance
Lightning Source LLC
Chambersburg PA
CBHW062028210326
41519CB00060B/7202